RASSISMUS

DIE ERFINDUNG VON MENSCHENRASSEN

DEUTSCHES HYGIENE-MUSEUM DRESDEN

AF636914

Herausgegeben für das Deutsche Hygiene-Museum von Susanne Wernsing, Christian Geulen und Klaus Vogel

WALLSTEIN VERLAG

Vorwort

Die Geschichte des Deutschen Hygiene-Museums ist eng verwoben mit den Konzepten, Obsessionen und Ideologien, die im 20. Jahrhundert um den Begriff der *Rasse* kreisten. Schon in der „I. Internationalen Hygiene-Ausstellung“ von 1911, die als eine Keimzelle des Museums betrachtet werden kann, gab es eine „rassenhygienische“ Abteilung. Die ihr zugrunde liegenden Theorien wurden 1933 mit dem politischen Programm des Nationalsozialismus vereint und das Deutsche Hygiene-Museum begann mit seinen wissenschaftlichen Kontakten sowie seinem Know-how als propagandistischer Verstärker zu agieren. Indem wir die Ausstellung „Rassismus. Die Erfindung von Menschenrassen“ in diesen wissenschafts- und zeithistorischen Zusammenhang einordnen, bekennen wir uns zu dieser nicht hintergehbaren ideologischen Kontamination des Museums. Auch deshalb fand die Tagung „‚*Rasse*‘. Geschichte und Aktualität eines gefährlichen Konzepts“, mit der wir die Konzeption der Ausstellung 2015 vorbereitet haben, 80 Jahre nach dem Erlass der „Nürnberger Rassengesetze“ statt; und die Ausstellung selbst eröffnen wir 2018, wiederum 80 Jahre nach der Reichspogromnacht von 1938, in der das rassistische Denken öffentlich in eine mörderische Praxis umschlug.

Verschiedene Projekte der vergangenen Jahre waren charakterisiert von einer kritischen Betrachtung unserer eigenen Institutionsgeschichte, beginnend mit der Ausstellung „Leibesvisitation“ (1991), kuratiert von Rosemarie Beyer und Martin Roth, bis hin zu „Tödliche Medizin. Rassenwahn im Nationalsozialismus“ (2006), einer von Susan Bachrach erarbeiteten Übernahme aus dem United States Holocaust Memorial Museum. All dies waren in ihrer wissenschaftlichen Klarheit und gestalterischen Ausformung wichtige Wegmarken der Ausstellungsgeschichte. Dass eine neuerliche Beschäftigung mit den Rassenkonzepten und dem Rassismus heute dringend geboten erscheint, mögen zwei aktuelle Tendenzen verdeutlichen: So sind es nicht allein die zahlreichen rassistisch motivierten Straftaten in Deutschland, die derzeit beunruhigen und empören. Es muss darüber hinaus festgestellt werden, dass sich mit zunehmender Tendenz auch in vielen Alltagssituationen ein offener Rassismus artikuliert, nicht zuletzt in den sozialen Netzwerken, in denen alle Dämme des Anstands gebrochen zu sein scheinen. Zum anderen wächst im kritischen und sensiblen Teil der Öffentlichkeit das Bewusstsein dafür, dass es zudem einen „nur“ latenten Rassismus gibt, der aber dennoch wirksam und für die Betroffenen schmerzhaft ist – durch unreflektierte Haltungen, durch Unwissen, Ignoranz oder Unbedachtheit.

Es ist also an der Zeit, dass wir uns der blinden Flecken in den eigenen Wahrnehmungen und Handlungen bewusst werden. Zu unseren Grundüberzeugungen gehört es jedoch, dass unsere Ausstellungen und ihre Bildungsprogramme nicht erziehen und schon gar nicht indoktrinieren, sondern Wissen vermitteln sollten, um zur Reflexion des eigenen Standpunkts anzuregen und das Gespräch über neu gewonnene Perspektiven zu ermöglichen. Sie richten sich auch nicht in erster Linie an Fachleute, sondern an einen sehr großen Interessentenkreis mit ganz unterschiedlichen Voraussetzungen und Erwartungen. Wir gehen davon aus, dass Menschen zu uns kommen, die selbst von Rassismus betroffen sind, genauso wie solche, die Vorurteile gegen Menschen mit Migrationshintergrund haben oder die aktuelle Flüchtlingspolitik kritisieren. Wir rechnen mit einem Publikum, das erfahren möchte, was es denn „eigentlich" mit den *Rassen* auf sich hat, oder mit Gutwilligen, die meinen, Rassismus sei doch längst kein Thema mehr. Wir sind überzeugt davon, dass die Ausstellung für all diese ganz unterschiedlichen Menschen vielfältige Anstöße und Anregungen bereithalten wird. Und wir glauben daran, dass uns das dem Ziel näherbringen kann, in unserer so wunderbar komplizierten Gesellschaft unvoreingenommener, aufmerksamer und respektvoller miteinander umzugehen.

Wir danken allen, die dieses anspruchsvolle Projekt zu Ende und – so unsere große Hoffnung – zu einem Erfolg beim Publikum geführt haben. Namentlich hervorheben möchten wir die Kuratorin Susanne Wernsing mit ihrem Team, bestehend aus Tiphaine Cattiau, Rebekka Rinner und Volker Strähle, unseren langjährigen wissenschaftlichen Berater Christian Geulen sowie den Beirat, bestehend aus Nikita Dhawan, Özkan Ezli, Naika Foroutan, Cilly Kugelmann, Veronika Lipphardt, Nanette Jacomijn Snoep und Hans Vorländer, den Architekten Diébédo Francis Kéré mit seinem Berliner Büro, alle diejenigen, die für diese Ausstellung mit dem Medium Video und Film gearbeitet haben, nämlich Mo Asumang, John A. Kantara, Barbara Lubich, Mohammad Sarhangi, Can Sungu und Theo Thiesmeier, und schließlich unsere Begleiter*innen für die kritischen Interventionen in der Ausstellung, Luna Ali, Josephine Apraku, Bo, die Mitarbeiter*innen von Hatikva e. V., Natasha A. Kelly, Mnyaka Sururu Mboro, Lawrence Oduro-Sarpong und Schlomo.

Ganz besonders danken möchten wir auch der Bundeszentrale für politische Bildung für die erneute Kooperation bei der Entwicklung der Begleitveranstaltungen sowie dem Freistaat Sachsen und der Landeshauptstadt Dresden, die uns im Rahmen ihrer Förderprogramme maßgeblich unterstützt haben.

Klaus Vogel, Direktor
Gisela Staupe, Stellvertretende Direktorin

„Let's talk about Race" fertigte der Fotograf Chris Buck als Auftragsarbeit für eine 2017 erschienene Ausgabe der Zeitschrift *O. The Oprah Magazine* an. Die Bilder nehmen sich des Themas Rassismus an, indem sie gängige stereotypisierende Vorstellungen hinterfragen: Sie vollziehen einen Perspektivenwechsel. Dadurch brechen die Aufnahmen mit den weit verbreiteten rassistischen Darstellungen von Schwarzen Menschen und People of Color, die diesen immer wieder klischeehafte Rollen zuschreiben, beispielsweise als Servicekraft. Eindrucksvoll verdeutlichen die Fotoarbeiten, wie sehr aktuelle Bilder etwa in Massenmedien von rassistischen Haltungen geprägt und keineswegs neutrale Repräsentationen des gesellschaftlichen Miteinanders sind. Vielmehr konstruieren sie rassistische und hierarchische Beziehungen und lassen diese als selbstverständlich erscheinen. **JA**

CHRIS BUCK (*1964)
Let's talk about Race, 2017
Fotografie
Bestellung von: O. The Oprah Magazine

Susanne Wernsing

Ausstellen, was nicht gezeigt werden darf

Die Geschichte von Rassenkonstruktionen und Rassismus auszustellen, ist ein heikles Unterfangen. Es geht um ein Thema, das mit Bedrohung und Gewalt verknüpft ist; diese bedeuten für viele Menschen bis heute eine alltägliche, permanente Gefährdung. Es geht zugleich um ein Thema, über das in Deutschland häufig Menschen öffentlich sprechen, zu dem sie gefragt und angehört werden, die von Rassismus selbst nicht betroffen sind. Und es geht schließlich um ein politisches Thema, über das mit hohem ethischen Anspruch und emotional stark aufgeladen diskutiert und gestritten wird. Nicht selten schwebt über den kontrovers geführten Diskussionen der Ideologieverdacht. Das Thema ist grundlegend mit Machtgefällen und dem Kampf um Deutungshoheiten verbunden. In zahlreichen Gesprächen im Vorfeld unserer Ausstellung wurde einmal mehr deutlich, dass Rassismus allein mit Wissen und Reflexion nicht beizukommen ist und dass es vielmehr darum gehen muss, konkurrierende Sichtweisen, Ambivalenzen und Dissonanzen wahrzunehmen und vor allem auszutragen. Da Rassismus unsere Gesellschaft strukturell zutiefst durchdringt, müssen wir davon auszugehen, dass diese Struktur auch den Diskussionen um das Ausstellungsprojekt eingeschrieben ist.[1]

Die Ausstellung handelt von der Geschichte der Rassenkonstruktionen seit dem 18. Jahrhundert und ihrer Aktualität in einer Gesellschaft, in der der Begriff *Rasse* zwar weitgehend geächtet, seine soziale Realität aber nicht minder präsent ist. Sie fragt nach den Motiven, Begründungen und Wirkmechanismen einer Kategorie, die soziale Differenz produziert. Ihre anhaltende Überzeugungs- beziehungsweise Verführungskraft erhielt diese Kategorie dadurch, dass hier etwas mit den wissenschaftlichen Methoden der jeweiligen Zeit visualisiert und scheinbar nachgewiesen wurde, das als in der Natur tatsächlich existent galt und aus dem Diffamierung, sozialer Ausschluss und Gewalt bis hin zur Vernichtung begründet herzuleiten seien. Historische Rassentheorien kombinieren körperliche Merkmale mit sozialen und kulturellen Mustern und behaupten, Menschen nach klar abgegrenzten Gruppen einteilen und hierarchisch ordnen zu können. Sie machen typische Merkmale aus und überprüfen sie im Zirkelschluss an ausgewählten typischen Vertreter*innen der angenommenen Gruppen. Die mit großem Aufwand und avancierten Techniken produzierten Darstellungen sogenannter Menschenrassen prägen das europäische Bildgedächtnis seit mehr als 250

Jahren. Bei genauerem Hinsehen zeigt sich, dass sie in Wissenschaft, Politik, Alltags- und Konsumwelt laufend reproduziert und stabilisiert werden, um bis heute „das Eigene" vom „Fremden" zu unterscheiden.

Das Ziel der Ausstellung ist es, über eine historische Annäherung für den alltäglichen Rassismus in unserer gegenwärtigen Gesellschaft zu sensibilisieren. Sie zeigt, dass die Kategorie *Rasse* eine Konstruktion und ein wandlungsfähiges Ordnungssystem ist, mit dem nur scheinbar menschliche Unterschiedlichkeit beschrieben, vielmehr aber politische, soziale und kulturelle Ungleichheit legitimiert wurde und wird. Explizit nimmt die Ausstellung daher die Herstellung der Kategorie in den Blick und analysiert ihre visuellen Darstellungen. Sie fragt, mit welchen Instrumenten und Methoden glaubhaft gemacht wurde, was nicht nachzuweisen ist. Und sie legt die politischen, soziokulturellen und ökonomischen Interessen offen, die der Kategorie ihre anhaltende Wirkmacht verleihen. Umgekehrt konfrontiert sie die Besucher*innen mit den Leerstellen der Wahrnehmung, mit emanzipatorischen Gegenbildern, mit Erfahrungsberichten und Akten des Widerstands, die den meisten kaum bekannt sind. Dieses Gegenwissen macht die Ausstellung sichtbar. Sie zeigt damit auch, wer ungefragt und täglich mit Rassismus konfrontiert ist und wer sich entscheiden kann, Rassismus wahrzunehmen und sich mit ihm auseinanderzusetzen.

Die Ausstellung

Der erste Ausstellungsraum skizziert Rassenkonstruktionen in den Wissenschaften und verfolgt deren Traditionen bis in die Gegenwart. Er verortet die Idee menschlicher *Rassen* im Ordnungsdenken des 18. Jahrhunderts und zeigt, dass sie nicht das irrationale Gegenteil von Aufklärung und europäischer Moderne ist, sondern aus ihr hervorging. Im 19. und frühen 20. Jahrhundert versuchten Wissenschaften und Kriminalistik, Annahmen über vermeintlich unveränderliche Eigenschaften durch Vermessung und Abformung von Körperteilen, durch fotografische und statistische Verfahren nachzuweisen. Das Instrumentarium zielte auf die Objektivierung von Beobachtungen und versuchte, visuelle Evidenz herzustellen. Der zweite Ausstellungsraum thematisiert die Geschichte des Deutschen Hygiene-Museums, dessen Ausstellungspolitik weit über die bloße Popularisierung der „Rassenhygiene" hinausging. An deren Profilierung beteiligte sich das Museum aktiv. Durch die Lehrmittelproduktion und im engen Austausch mit Wissenschaftler*innen stützte es die Maßnahmen nationalsozialistischer „Erbgesundheitspolitik". Erstmals in Dresden wurde der Titel „Entartete Kunst" für eine sogenannte Schandausstellung verwendet, die damit Rassentheorien der Biologie und Medizin auf Künstler*innen und konfiszierte Werke der Moderne übertrug. Ebenfalls in Dresden präsentierte die „Deutsche Kolonialausstellung" auf dem städtischen Ausstellungsgelände eine angebliche deutsche Überlegenheit durch *Rasse*, Kultur und Industrie, um kolonialrevisionistische Forderungen zu stützen. Das dritte Ausstellungskapitel thematisiert diese geopolitische Dimension der Rassenideologie im Kolonialismus, die das Bild eines unterlegenen „Anderen" konstruierte und kulturelle Hierarchien, Ausbeutung, Unterdrückung und Gewalt bis hin zum Völkermord legitimieren sollte. Über das koloniale Erbe werden Bilder präsent, die die Wahrnehmung „des Fremden" bis in die Gegenwart prägen. Mit einem Medienwechsel hin zu eigens für die Ausstellung produzierten Filmen geht im vierten Kapitel ein kuratorischer Perspektivenwechsel einher. Autor*innen aus verschiedenen Generationen und mit individuellen Handschriften laden die Besucher*innen ein, über zentrale Fragen des Zusammenlebens in unserer Gegenwart ins Gespräch zu kommen.

Das Konzept

Der Katalog orientiert sich an diesem Rundgang durch die Ausstellung. Ebenso wie die Ausstellung argumentiert er anhand von wissenschafts- und kulturhistorischen Exponaten, mit Bildern und Texten, mit Auszügen aus filmischen und künstlerischen Positionen zum Thema Rassismus. Die kuratorische Herausforderung bestand darin, ein Phänomen auszustellen, das seine anhaltende und gewaltvolle Wirkmacht gerade durch das wiederholte Zeigen dieser Bilder und Instrumente entfaltet. Jede Ausstellung läuft damit Gefahr, Bildgewalt und Machthierarchien der Rassenideologie zu wiederholen und im Bildgedächtnis zu bestätigen. Wie können solche Exponate überhaupt so gezeigt werden, dass mit ihnen drängende Fragen der Repräsentation und des Umgangs mit Sammlungsbeständen angemessen im Raum stehen?

Messbestecke, Zahlen- und Farbskalen reduzierten natürliche Variation und Komplexität auf feste Grenzwerte, die zudem laufend revidiert wurden. In der Zusammenschau verdeutlichen diese Revisionen die Widersprüche und Beliebigkeit eindeutiger Klassifikationen sowie letztlich das Scheitern daran. Gipsabformungen, menschliche Überreste, Kunstwerke und rituelle Gegenstände, die geraubt oder abgezwungen wurden, lagern in Massen in europäischen Sammlungen und sind ein Thema museums- und fachwissenschaftlicher Diskurse.[2] Die Erforschung der Provenienz dieser Sammlungsbestände steht bislang häufig noch am Anfang[3] und wird in ihren ersten Ansätzen in der Ausstellung gezeigt. Anhand der Objekte werden politische Debatten über Kolonialverbrechen sowie die Anerkennung von Restitution und Entschädigungsforderungen in Interviewauszügen und in Filmen thematisiert. Angesichts der kontroversen Diskussionen über anthropologische Abformung, über ethnologische und anthropometrische Fotografie[4] müssen die wenigen ausgewählten Beispiele den gewaltsamen Kontext ihrer Herstellung dokumentieren und die abgebildeten Personen dem erzwungenen Objektstatus und der Schaustellung entziehen. Texte, Ton-, Foto- und Filmdokumente legen Zeugnis von Biografien ab. Sie liefern zugleich Aussagen über die gewaltvolle Prozedur von Wissenschaftler*innen und Sammler*innen bei der Gipsabformung an lebenden Menschen sowie vom Widerstand der davon betroffenen Personen.[5] Vor allem die emanzipatorischen, historischen und aktuellen Gegenbilder in Fotografie, Interview und Film bestreiten die Darstellung von Fremdheit und Unterlegenheit jener Menschen, die über Rassenkonstruktionen von politischer Gleichheit, Menschenwürde und Teilhabe bis heute ausgeschlossen werden. Dass die Sensibilisierung für rassistische Strukturen wirkungslos ist ohne Stimmen des Empowerment, darauf weisen nachdrücklich auch die Interventionen unserer Kooperationspartner*innen hin, die in Form von Texten und Installationen in der Ausstellung und im Katalog ausgewiesen sind. Sie markieren Leerstellen, Kritik und die grundlegende Aufforderung, hegemoniales Wissen infrage zu stellen und institutionelle Strukturen zu verändern.

Mein Dank gilt den zahlreichen Gesprächspartner*innen, die ihre Bedenken, ihre wissenschaftlichen, künstlerischen und aktivistischen Positionen in die Diskussion um das Ausstellungskonzept eingebracht haben, und den Kooperationspartner*innen, die bereit waren, sich trotz zahlreicher vorheriger Festlegungen an der kritischen Auseinandersetzung zu beteiligen. Ebenso wie die Ausstellung dokumentiert der Katalog die Ergebnisse dieses Prozesses in Form von Interventionen und verdeckt zudem Bilder, die wir vor dem genannten Hintergrund nicht ungebrochen zeigen möchten. Die konzeptionelle Idee der Kataloggrafik entzieht die Bilder der schnellen Rezeption. Erst der Blick durch die beigelegte Folie lässt die Bilder in dem Ausmaß sichtbar werden, das nötig ist, um ihren Gehalt diskutieren zu können.

1 Vgl. Natalie Bayer, Belinda Kazeem-Kamiński, Nora Sternfeld (Hg.): *Kuratieren als antirassistische Praxis*, Berlin 2017.

2 Vgl. Margit Berner, Anette Hoffmann und Britta Lange: *Sensible Sammlungen. Aus dem anthropologischen Depot*, Hamburg 2011.

3 Vgl. Larissa Förster, Iris Edenheiser, Sarah Fründt und Heike Hartmann (Hg.): *Provenienzforschung zu ethnografischen Sammlungen der Kolonialzeit. Positionen in der aktuellen Debatte.* Publikation zur gleichnamigen Tagung am 7./8.4.2017 im Museum Fünf Kontinente, München, Open-Access-Publikation der Humboldt-Universität zu Berlin 2018.

4 Vgl. Christopher Pinney: *Photography and Anthropology* (2011), London 2014.

5 Vgl. Anette Hoffmann: Verbale Riposte. Wilfred Tjiuezas Perfomances von omitandu als Entgegnungen zum Rassenmodell Hans Lichteneckers, in: Hans D. Christ, Iris Dressler und Christine Peters (Hg.): *Acts of Voicing*, anlässlich der Ausstellung im Württembergischen Kunstverein, Stuttgart, 2012/13, Leipzig 2015, S. 153–162.

Natasha A. Kelly und Bo, eine *weiße* Aktivistin aus Dresden

Intervenieren als rassismuskritische Praxis

Rassismus ist kein homogenes Konzept. Er äußert sich in verschiedenen Formen, richtet sich gegen verschiedene Gruppen, auf verschiedene Art und Weise. Demnach gibt es keine Patentlösung, wie gegen Rassismus vorgegangen werden kann. Vielmehr ist es entscheidend, dass Rassismus als vielschichtiges Phänomen verhandelt und in seiner Verwobenheit mit anderen Diskriminierungsformen verstanden wird. Dazu ist es wichtig, die vielzähligen Geschichten des Rassismus anzuerkennen und sich vor allem mit den betroffenen Gruppen auseinanderzusetzen.

Auch das Deutsche Hygiene-Museum in Dresden war gezwungen, sich dieser Verantwortung zu stellen und sich mit der Vielschichtigkeit des Rassismus zu beschäftigen: Wie kann eine Ausstellung sich mit Rassismus auseinandersetzen, ohne ihn zu reproduzieren? Was darf gezeigt werden und was nicht? Wie kann die Multiperspektivität dieses Phänomens Berücksichtigung finden?

Schnell wurde klar, dass solche und andere Fragen nicht von Kurator*innen beantwortet werden können, die alle selbst keine Rassismuserfahrungen machen. So wurden – wenn auch sehr spät – Expert*innen, die über Fach- und Erfahrungswissen verfügen, eingeladen, sich in den laufenden Gestaltungsprozess einzubringen. An einem historisch und politisch aufgeladenen Ort wie Dresden zeigten sich schnell die (Un-)Logiken des institutionellen und strukturellen Rassismus und zugleich, dass Rassismus kein „Phantom" ist, wie der Titel der Ausstellung ursprünglich lauten sollte, sondern für viele Menschen bittere Realität.

An drei Tagen arbeitete die Gruppe intensiv mit den Kurator*innen zusammen; gemeinsam sprachen sie über theoretische und praktische Fragen, schauten für die Ausstellung ausgewählte Objekte an und diskutierten darüber, was wie gezeigt werden könnte, und darüber, was Menschen entwürdigen oder verletzen könnte und daher nicht gezeigt werden dürfe. Denn Rassismus, sei es nun der biologistische, soziale, religiöse oder kulturelle, bringt Verletzungen mit sich; im schlimmsten Fall führt Rassismus zum Tod. Rassismus muss nicht immer intentional sein, aber auch wenn er unbewusst reproduziert wird, hat er dieselben Effekte. In jedem Fall führt Rassismus zu Abwertungen und Ausschlüssen, die in der Ausstellung nicht wiederholt, aber sichtbar gemacht werden sollen. Für Menschen, die keine Rassismuserfahrungen machen, ist das nicht immer nachvollziehbar, weil es „weiße Flecken“ gibt – Dinge, die aus der eigenen gesellschaftlichen Positionierung nicht gesehen werden können und daher nicht nachzuempfinden sind. Und ebenso sollten Gegenbilder, Widerstand und Alltagserfahrungen thematisiert werden. Wichtig war es daher, Menschen mit Rassismuserfahrungen nicht ausschließlich als Opfer darzustellen, sondern als subjektiv handelnde Personen, die seit Jahrhunderten erfolgreiche Kämpfe gegen Rassismus führen. Denn Sensibilisierung und Empowerment sind zwei Seiten derselben Medaille, wenn es um die Auseinandersetzung mit Rassismus geht. Zudem sollten weibliche* Perspektiven sichtbar gemacht und die Überschneidungen von verschiedenen Unterdrückungsverhältnissen (Intersektionalität) verdeutlicht werden. Unsere Kritiken und Wünsche waren zahlreich, der Prozess war herausfordernd und immer wieder wurden Dinge verändert. Nicht zuletzt der Titel der Ausstellung, der nun lautet: „Rassismus. Die Erfindung von Menschenrassen“.

Im vorliegenden Buch wird an verschiedenen Stellen durch intervenierende Texte sichtbar gemacht, zu welchen Ergebnissen unsere Projektgruppe anhand der diskutierten Objekte gelangt ist. Mit ihnen versuchen wir die Diskussionen, die wir führten, die aber in keinem Fall abgeschlossen sind, widerzuspiegeln. Darüber hinaus finden sich in der Ausstellung selbst diese und andere Texte wieder, die den aktuellen Stand unserer andauernden Debatten wiedergeben. Zudem haben einzelne Personen auch Installationen angefertigt, die Lücken, Kontinuitäten und Herausforderungen, vor denen unsere gesamte Gesellschaft steht, visuell darstellen. Nicht alles ist verhandelbar und auch die Perspektiven auf einzelne Objekte in der Ausstellung sind sehr vielfältig. Dennoch sollen die Interventionen zumindest Fragen anreißen, zum Nachdenken anregen und die Besucher*innen auffordern, sich mit der eigenen Positionierung und Verantwortung im Kontext von Rassismus zu beschäftigen und gegen Rassismus aktiv zu handeln.

Wir wünschen uns, dass der antirassistische Diskurs in Museen und andernorts weitergeht und dass die Erfahrungen, die wir im Aushandlungsprozess gesammelt haben, weitergetragen werden.

Christian Geulen

Geschichte und Aktualität einer Ideologie

Rassismus – mit diesem Wort bezeichnen wir meist zweierlei: zum einen eine bestimmte Form des Handelns und zum anderen eine bestimmte Form des Denkens. Bisweilen glauben wir, beide voneinander trennen zu können, indem wir etwa bestimmte Handlungen schon aufgrund ihrer schieren Gewalttätigkeit als rassistisch bezeichnen oder umgekehrt fragen, ob sie auch wirklich einen „rassistischen Hintergrund" hätten oder nicht ganz andere Motive eine Rolle spielten. In solchen Fällen nehmen wir an, dass „echter" Rassismus nur dann vorliege, wenn allein der Hass auf „Andere" das Hauptmotiv ihrer Anfeindung ist. Hier ist also nicht mehr das Handeln, sondern das dieses Handeln motivierende Denken das Kriterium, um Rassismus zu identifizieren oder auch auszuschließen.

Die geschichtliche Entwicklung des Rassismus zeigt aber, dass eine solche Aufteilung in rassistisches Handeln und rassistisches Denken wenig hilfreich ist. Vielmehr gehört es zu den historisch gewachsenen Eigenschaften des Phänomens Rassismus, in bestimmten Kontexten ein bestimmtes Denken an bestimmte Formen des Handelns zu knüpfen. Vor allem in Zeiten unsicher oder fragwürdig gewordener Grenzen und Ordnungen von Zugehörigkeit bietet der Rassismus eine Möglichkeit an, die hergebrachte oder auch eine modifizierte Zugehörigkeitsordnung theoretisch neu zu begründen *und* praktisch herzustellen. Dafür hält er ein bestimmtes Wissen bereit, nicht nur über die Natur des Menschen und über das natürliche Verhältnis zwischen Menschengruppen, sondern auch darüber, was diese Menschengruppen in ihrer angeblichen Natur gefährdet, und darüber, was sie tun müssen, um in ihrer natürlichen Art zu überleben. Derartiges Wissen hat zum einen rechtfertigende Funktion, liefert zum anderen aber auch Handlungsanleitungen. Dabei hat es kaum etwas mit Wirklichkeit und Erfahrung zu tun, sondern erschafft ein Bild der Welt, wie sie „von Natur aus" sein *sollte*. Zugehörigkeitsordnungen für den Rassismus sind folglich nicht einfach gegeben, sondern sie müssen entdeckt, identifiziert, bewertet, klassifiziert und vermittelt werden, um die wirkliche Welt dann praktisch handelnd an diese ideale Ordnung anzupassen.

Daher haben rassistische Weltbilder so häufig den Charakter einer Verschwörungstheorie. Das lässt sich bereits dort feststellen, wo der Begriff der *Rasse,* bis dahin nur in der Pferdezucht präsent, zum ersten Mal auf Menschengruppen angewandt wurde. Im Zuge der ‚Reconquista', der Re-Christianisierung Spaniens im späten Mittelalter, trat neben die „Reinheit des Glaubens" die „Reinheit des Blutes" und damit das Konzept der Rasse als zusätzliches Kriterium der Feststellung unübersichtlicher Gruppenzugehörigkeit. Vor allem die vielen Muslime und Juden, die erst jüngst und womöglich nur zum Schein zum Christentum konvertiert waren, versuchte man auf diese Weise zu kategorisieren, um sie eventuell einer nochmaligen Zwangsbekehrung zuzuführen. Schon hier wurde also eine scheinbar natürliche Ordnung erfunden, um eine sozial und politisch unsicher gewordene Ordnung praktisch stabilisieren und vereinheitlichen zu können.

Im 18. Jahrhundert hatte der Rassismus dann vor allem eine rechtfertigende Funktion. Mit ihren universalistischen Konzepten der Gleichheit, der Freiheit und der brüderlichen Menschheit formulierte die Aufklärung einen politischen Anspruch der globalen Gleichbehandlung, dem die faktischen Machtverhältnisse besonders zwischen den kolonisierenden Europäern und den kolonisierten außereuropäischen Kulturen massiv widersprachen. Im Rahmen der jetzt erfundenen rassistischen Naturordnungen einer kulturellen Höher- und Minderwertigkeit von Menschengruppen konnte die Ungleichbehandlung als europäischer „Zivilisierungsauftrag" verstanden und die weitere koloniale Ausbeutung legitimiert werden. Im 19. Jahrhundert reichte das aber nicht mehr aus, als der globale Konkurrenzkampf zwischen Nationen, *Rassen* und Kulturen sich immer deutlicher ausprägte. Eben diesen Konkurrenzkampf erklärte Charles Darwin dann zum eigentlichen Antrieb aller natürlichen Evolution, ohne den „rassische" Höherentwicklung gar nicht möglich sei. Die Folge war ein Rassismus, der jetzt nicht mehr nur bestehende Verhältnisse rechtfertigte, sondern zur Austragung des „Rassenkampfes" und zur Erzeugung neuer und besserer *Rassen* durch Bekämpfung und Vernichtung „des Anderen", „des Fremden" aufrief. In diesem Kontext entwickelte sich die Idee, dass die bloße Existenz anderer *Rassen* bereits eine unbedingt zu bekämpfende Gefahr für die eigene darstelle, zum Grundgedanken des modernen Rassismus.

Die Formen der systematischen Vernichtungspolitik, die sich daraus etwa im Hochimperialismus oder im Nationalsozialismus ergaben, gelten heute als überwunden; zudem ist der Begriff der *Rasse* politisch und gesellschaftlich heute höchst umstritten. Die Idee aber, dass „Andere" und „Fremde" durch ihre bloße Nähe das „Eigene" gefährdeten und dieser Gefahr nur durch praktisches Ausgrenzungshandeln begegnet werden könne, wird heute mit viel politischem, medialem und auch wissenschaftlichem Aufwand wieder populär gemacht. Zu glauben, dass dies nichts mit Rassismus zu tun hätte, weil hier nicht einmal das Wort *Rasse* auftaucht und man sowieso in anderen Zeiten lebe – wäre mindestens voreilig. Gerade weil er sich nicht auf eine bestimmte Form des Handelns oder auf eine bestimmte Form des Denkens reduzieren lässt, ist der Rassismus eine der langlebigsten und anpassungsfähigsten Ideologien der Moderne.

Mohammad Sarhangi und Theo Thiesmeier

Kontinuität kolonialer Denkmuster

Ein Interview-Projekt zu Identität und Alltagsrassismus in Deutschland

> **„Die Menschen sind der Geschichte ausgeliefert, und die Geschichte ist den Menschen ausgeliefert.“** **James Baldwin**

Im Leben eines jeden Kindes, das nach Deutschland migriert ist (oder dessen Eltern dies getan haben), gibt es einen Moment, in dem ihm bewusst wird, dass es fremd ist – oder genauer: als fremd wahrgenommen wird. Es handelt sich hierbei um eine Art negative Initiation: die ungewollte Aufnahme in einen nicht selbst gewählten Kreis. All jene Menschen – ob nun Schwarze Deutsche, People of Color, Sinti*zas und Rom*nija, Jüd*innen, Muslim*innen und alle anderen, die in Deutschland zu Fremden gemacht werden –, die diesen Moment einmal erlebt haben, werden ihn nur schwer vergessen können. Denn es ist der Augenblick, in dem das „Einwanderer“-Kind aufhört, ein Individuum zu sein, das sich seine eigene Identität wählen und gestalten kann. Von da an gehört dieses Kind zu einer amorphen Masse, zu einer Gruppe mit nur *einer* fremdbestimmten, oktroyierten Identität, die in den vergangenen sechzig Jahren abwechselnde Bezeichnungen erhalten hat: Gastarbeiter, Ausländer, Einwanderer, Asylanten, Migranten, Deutsche mit Migrationshintergrund und nach dem 11. September 2001 auch gern mal Muslime. Das Fremdgemachtwerden, das einer auf rassistischen Ideen beruhenden Logik folgt, reduziert die Menschen – von denen viele in Deutschland geboren sind und deren Familien seit Generationen hier leben – nicht nur auf eine einzige Identität, sondern negiert ihre Zugehörigkeit und exkludiert sie aus der *weißen* deutschen Mehrheitsgesellschaft.

Als wir (das sind Mohammad Sarhangi und Theo Thiesmeier) im Jahr 2017 mit der Arbeit an unserem Interview-Projekt für das Deutsche Hygiene-Museum in Dresden begannen, hatten wir uns zwei Ziele gesetzt: Zum einen wollten wir jene Menschen, die in Deutschland aufgrund ihrer Hautfarbe, ihres Aussehens, ihrer Religionszugehörigkeit oder ihrer Sprache dem Prozess der Negation, Reduktion und Exklusion ausgesetzt sind, zu Wort kommen lassen. Wir wollten *mit* ihnen sprechen und nicht *über* sie. Ihre Gedanken und Stimmen, Hoffnungen und Wünsche, Ängste und zuweilen auch ihre nachvollziehbare Wut sollten im Mittelpunkt unseres Projektes stehen. Wir selbst wollten dabei weniger Fragende als vielmehr Zuhörende sein, unsere Gespräche sollten weniger Interviews, sondern eher videografierte Zeugnisse und unsere Gesprächspartner*innen vielmehr Zeug*innen als Betroffene sein. Zum anderen wollten wir mit diesen Gesprächen den Besucher*innen des Deutschen Hygiene-Museums nicht nur die verschiedenen Facetten rassistischer Diskriminierung in Deutschland vor Augen führen, sondern vor allem ein Bewusstsein dafür schaffen, dass Identitäten vielfältig sind. Eine junge Frau, die aus Syrien fliehen musste, kann ein Kopftuch tragen und trotzdem Feministin sein und sich für LGBT-Rechte engagieren. Ein junger Mann, dessen Eltern aus Nigeria migriert sind, kann sich zugleich als Nigerianer und als Deutscher fühlen. Der Islamwissenschaftler, Journalist und Schriftsteller Navid Kermani hat es so formuliert: „Ich bin Muslim, ja – aber ich bin auch vieles andere. Der Satz ‚Ich bin Muslim' wird also in dem Augenblick falsch, ja geradezu ideologisch, wo ich mich ausschließlich als Muslim definiere – oder definiert werde."[1] Wie vielschichtig und komplex Identitäten sein können, beschreibt der Wirtschaftswissenschaftler, Philosoph und Nobelpreisträger Amartya Sen:

> „Im normalen Leben verstehen wir uns als Mitglieder einer Vielzahl von Gruppen, denen allen wir angehören. Staatsangehörigkeit, Wohnort, geographische Herkunft, Geschlecht, Klassenzugehörigkeit, politische Ansichten, Beruf, Arbeit, Eßgewohnheiten, sportliche Interessen, Musikgeschmack, soziale Engagements usw. – das alles macht uns zu Mitgliedern einer Vielzahl von Gruppen. Jedes dieser Kollektive, denen ein Mensch gleichzeitig angehört, verleiht ihm eine bestimmte Identität. Keine seiner Identitäten darf als seine einzige Identität oder Zugehörigkeitskategorie verstanden werden."[2]

Doch je mehr wir uns in unserem Interview-Projekt den Fragen bezüglich der Identität und Zugehörigkeit widmeten, desto dringlicher wurde das Thema Alltagsrassismus – also jene „besondere, subtile Form des Rassismus", die sich in „alltäglichen Diskriminierungen, Benachteiligungen von Menschen [offenbart], die aufgrund ihres Aussehens als Fremde angesehen werden".[3]

Wir sprachen mit Auszubildenden und Studierenden, Sportler*innen und Sozialarbeiter*innen, Aktivist*innen und Schriftsteller*innen, Promoter*innen und Dozent*innen, Anti-Rassismus-Trainer*innen und Fachreferent*innen. Diese Menschen legten nicht nur Zeugnis über ihre persönlichen Erfahrungen mit alltagsrassistischen Diskriminierungen und Übergriffen ab, sondern teilten mit uns auch ihr professionelles, fundiertes Wissen. Mit ihrer Hilfe wurde uns bewusst, wie tief, weitreichend und vielfältig der Alltagsrassismus in das Leben all jener Menschen eingreift, die von einem großen Teil der Gesellschaft rassistisch markiert und ausgeschlossen werden. Aus ihren Berichten wurde beispielsweise deutlich, warum die von vielen *weißen* Deutschen als harmlos empfundene Frage nach der „ursprünglichen" Herkunft einen Eingriff in die Privatsphäre darstellt. Unsere Gesprächspartner*innen erklärten uns, dass sie diese Frage verletze, ihnen das Zugehörigkeitsempfinden nehme und sie zu Fremden im eigenen Land mache. Doch nicht nur auf sprachlicher Ebene wurden und werden noch immer die Grenzen des Anstandes überschritten, sondern auch auf körperlicher: Schwarze Deutsche erzählten uns wiederholt, dass ihnen fremde (meist *weiße*) Menschen noch immer in die Haare fassen oder mit den Fingern über ihre Haut fahren. Die Übergriffe auf den Körper – insbesondere auf die Körper Schwarzer Menschen in Deutschland – kennen schon seit Langem keine Grenzen mehr und enden nicht selten tödlich. Einer unserer Gesprächspartner, ein ehemaliger Profiboxer und Sozialarbeiter, erzählte uns, dass er gezwungen war, die Stadt, in der er jahrzehntelang gelebt und gearbeitet hatte, über Nacht zu verlassen, weil er um seine körperliche Unversehrtheit und um das Leben seiner Kinder fürchtete.

Auch der strukturelle, institutionelle Rassismus ist Teil des Alltagsrassismus, beispielsweise die Benachteiligung bei der Wohnungs- oder Jobsuche. So lag die Erwerbslosenquote bei Migrant*innen gemäß Bundesagentur für Arbeit „im Jahr 2013 mit 12,4 % in etwa doppelt so hoch wie die der einheimischen Deutschen".[4] Abgesehen vom Arbeitsmarkt fühlen sich Migrant*innen vor allem auf Ämtern und in Behörden benachteiligt.[5] Darüber hinaus berichteten uns nicht*weiße* deutsche Akademiker*innen, dass ihre fachliche Kompetenz im Vergleich zu ihren *weißen* Kolleg*innen viel öfter infrage oder gar ganz in Abrede gestellt werde. Hohe fachliche Kompetenz wird noch heute mit *Weiß*sein in Verbindung gebracht. Diese Fiktion, also die Vorstellung, dass *weiße* Menschen allen anderen überlegen seien, ist so alt wie die europäische Geistesgeschichte[6] und bildet nach wie vor die Grundlage der (alltags-)rassistischen Denkweisen und Handlungen. Der alltägliche Rassismus kann ohne seinen historischen Kontext, ohne seine historische Dimension nicht verstanden werden. Vor 500 Jahren erfanden *weiße* Europäer die Fiktion *weißer* Überlegenheit, um Kolonialismus und Sklavenhandel zu legitimieren.[7] Um ihre große Lüge theoretisch und theologisch zu untermauern, dachten sie sich immer neue, immer raffiniertere

Lügen aus.[8] Sie entwickelten Bilder, die noch heute unsere Wahrnehmungen bestimmen. In diesem Sinne ist der tägliche Rassismus nicht mehr und nicht weniger als die Fortführung kolonialer Denkmuster. „Rassistische Ideen haben sich uns tief eingeprägt", wie der US-amerikanische Historiker Ibram X. Kendi schreibt.[9] Und es sind diese Ideen, aufgrund derer sich einige Menschen (ob nun bewusst oder unbewusst) dazu ermächtigt fühlen, beispielsweise die oben beschriebenen Grenzen des Anstandes und des Körpers zu überschreiten. Wir *alle* sind mit diesen Ideen aufgewachsen, haben rassistische Ideen gelernt. Und wir alle können sie auch wieder verlernen.

„Die Leute ignorieren dich wegen deiner Hautfarbe – und das tut mir weh." **Ismael Barro**

„Und dann kommt sie zu mir und sagt: ‚Ich habe noch nie einen Schwarzen angefasst. Kann ich dich mal anfassen?'" **Ibraimo Alberto**

„Es gibt in Deutschland noch immer ein sehr verengtes Verständnis von Rassismus." **Tahir Della**

„Rassismus ist auch Paternalismus." **Sergio Cortés**

„Also Frau und Migrationshintergrund ist tricky: Da hast du es nicht so leicht." **Margan Sharifzada**

„Ich bin mehr Deutscher als Afrikaner." **Robbin Borges**

„Der Sumpf am rechten Rand wird durch das Wasser, das durch die Mitte der Gesellschaft fließt, genährt." **Mutlu Ergün-Hamaz**

1 Navid Kermani: Grenzverkehr, in: ders.: *Wer ist Wir? Deutschland und seine Muslime*, München 2009, S. 9–27, hier S. 19.

2 Amartya Sen: *Die Identitätsfalle. Warum es keinen Krieg der Kulturen gibt*, München 2010, S. 11.

3 Heinz Ulrich Brinkmann: Einführung. Diskriminierung, Fremdenfeindlichkeit und Rassismus, in: Britta Maschke und ders. (Hg.): *„Ich habe nichts gegen Ausländer, aber …". Alltagsrassismus in Deutschland*, Münster 2015, S. 9–41, hier S. 30.

4 Ebd., S. 32.

5 Vgl. ebd.

6 Vgl. Ibram X. Kendi: *Gebrandmarkt. Die wahre Geschichte des Rassismus in Amerika*, München 2017, S. 27.

7 Vgl. ebd., S. 28–29.

8 Vgl. ebd., S. 30–48.

9 Ebd., S. 19.

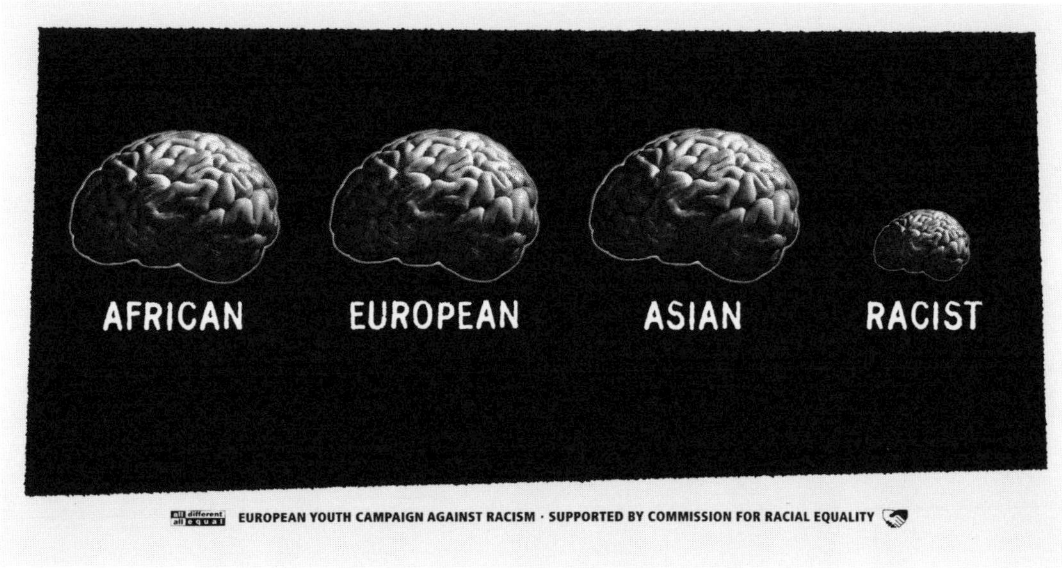

„Brains", April 1996
Werbung der Commission for Racial Equality zum Thema: Rassenunterschiede (ethnische Unterschiede), nationale Minderheiten, Agentur: Saatchi & Saatchi London, Creative Director: Adam Kean, Copywriter: Ben Nott & Adam Hunt, Art Director: Adam Hunt & Ben Nott, Photographer: Nadav Kander, Typographer: Adam Hunt
© Equality and Human Rights Commission (EHRC) / Foto: Ben Nott

Wie unte
lich sind

rschied-
wir?

1

Was unterscheidet uns von anderen? Und was macht uns gleich? Diese Fragen sind bestenfalls in bestimmten Kontexten und Hinsichten, aber nicht endgültig zu beantworten. Die europäische Idee der menschlichen *Rassen* hatte jedoch genau das versprochen: abschließend und objektiv festzulegen, was „uns" gleich macht und von „den Anderen" unterscheidet. Dafür hat man menschliche Körper und Eigenschaften vermessen, klassifiziert, typisiert und hierarchisiert. Das erzeugte aber keineswegs Wissen darüber, wie unterschiedlich wir sind, sondern nur einen gigantischen Apparat, aus dem sich Vorurteile, Anfeindungen, Ängste und Machtansprüche scheinbar rechtfertigen ließen.

Schon die ersten Einteilungen der Menschheit in *Rassen* dienten hauptsächlich der Begründung dafür, dass der universale Gleichheitsanspruch der Aufklärung nicht für alle gelten sollte. Diese Rasseneinteilungen versuchten nicht nur, die Ordnung der Welt zu erkennen, sondern vor allem der Welt eine vernünftige – und das hieß: gewünschte – Ordnung zu verleihen. Auch bei den anthropologischen und rassentheoretischen Vermessungen des Menschen im 19. Jahrhundert ging es nur vordergründig um wissenschaftliche Erkenntnis. In der Epoche des Imperialismus bot das Rassendenken dann die

Möglichkeit, eine gewünschte Hierarchie in der Wertigkeit von Menschen naturwissenschaftlich zu begründen sowie Ausbeutung und Gewalt zu rechtfertigen. Denn die Bestrebungen dieser Zeit, das, was den Menschen eigentlich charakterisiert, in Kopfformen, Gesichtszügen, Zellen, Blut oder schließlich in seinen Genen zu suchen, zielten gerade nicht auf Objektivität. Aus den angeblichen Determinanten des menschlichen Lebens wurden vielmehr Regeln der politischen und sozialen Ordnung abgeleitet. Das hieß vor allem, unerwünschte Gruppen identifizieren und ausschließen zu können. In den Bemühungen des 20. Jahrhunderts, der Fortpflanzung des Menschen und damit seiner Evolution eine gewünschte Richtung zu geben, kam diese instrumentelle Seite des Rassendenkens schließlich zur vollen Geltung. Wenn es um *Rassen* ging, erwies sich die angebliche Suche nach der Wahrheit als Herstellung eines instrumentellen, politisch nutzbaren Wissens. In immer neu erdachter Weise wurde festgelegt, was uns gleich macht und was uns unterscheidet – im Namen und im Sinne derjenigen, die ihre eigene Macht und Überlegenheit sichern oder ausbauen wollten. CG

1.1 Ordnung, Norm und Differenz

Im 18. Jahrhundert versucht die Wissenschaft der europäischen Moderne, Natur und Lebewesen in einem Ordnungssystem zu strukturieren. Der Botaniker Carl von Linné klassifizierte Pflanzen, Tiere und Menschen nach Ähnlichkeiten und Unterschieden. Während Anthropologie und Kunst Wesen und Aussehen des Menschen idealtypisch beschrieben, belegten zahlreiche Expeditionen in die außereuropäische Welt die Vielfalt der menschlichen Erscheinung. Um diesen Variationsreichtum zu erklären, werden bis heute vor allem die Unterschiede zwischen Menschen erforscht, vermessen und statistisch erfasst.
Ebenfalls im 18. Jahrhundert wurde durch die Französische Revolution die rechtliche und politische Gleichheit von Staatsbürgern erkämpft. Sie galt jedoch nicht für alle Menschen. Versklavung und Ausbeutung in den Kolonien wurden zur gleichen Zeit durch angebliche „Rassenunterschiede" begründet und vermeintlich legitimiert. Der europäische *weiße* Kaukasier galt als Ursprung des Menschengeschlechts, antike Marmorfiguren des musischen Gottes Apollo wurden zum Ideal menschlicher Proportionen stilisiert. Der „Wilde" sollte das Gegenteil dieser Norm markieren, nach der Körper bis heute kosmetisch geformt werden.
SW

Koffer eines Geisterjägers, 1926–1940

Brüssel, Surnatéum: Muséum d'Histoire Surnaturelle, Inv.-Nr. SAH/ss-70121

Der Inhalt des Koffers dokumentiert den Versuch, außersinnliche Phänomene systematisch nachzuweisen. Mit Messinstrumenten, Totenmasken, Talkpuder, Fotografien, Statistiken und Protokollen sollte eine Methodik entwickelt werden, um Geistererscheinungen zu belegen und mit den Seelen Verstorbener Kontakt aufzunehmen. Die 1882 gegründete Londoner Society for Psychical Research versammelte renommierte Autoren*innen und Wissenschaftler*innen zur kritischen Erforschung von Phänomenen, die parapsychologisch genannt wurden. Ende des 19. Jahrhunderts verwendete die neue Kriminal- und Rassenanthropologie das gleiche Werkzeug, um Körperdaten zu erheben und zu berechnen, die als wissenschaftlich und objektiv galten. Die Ergebnisse sollten Maßnahmen im Sinne einer rassistischen Gesellschaftslehre rechtfertigen. Was häufig als Pseudowissenschaft bezeichnet wird, ist eine politisierte Wissenschaft. SW

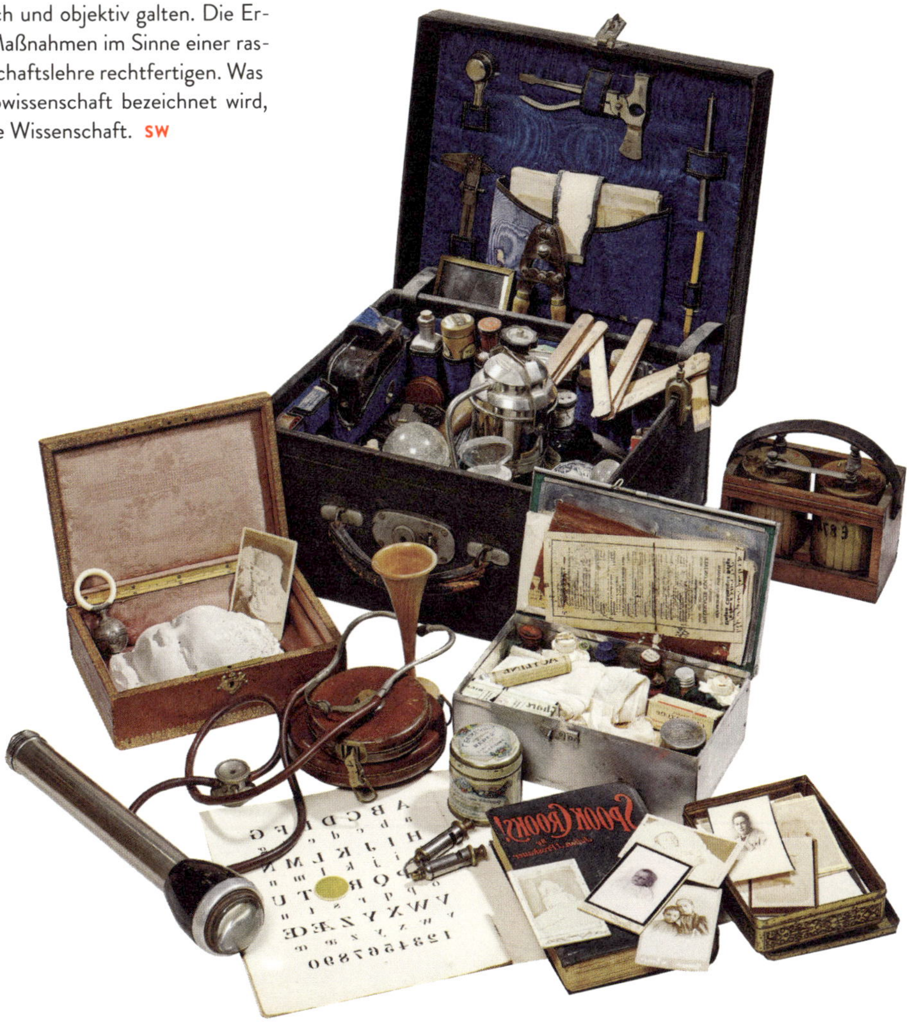

DEHOMAG-Tabelliermaschine D11, 1930–1939

Deutsche Hollerith-Maschinen Gesellschaft mbH, Berlin

United States Holocaust Memorial, Museum, Collection 1990.48.1 (neg. N00013)

Die 1887 von Hermann Hollerith entwickelte Tabelliermaschine war das erste technische Gerät, das bei einer Volkszählung eingesetzt wurde. Dadurch gelang es, die Datenverarbeitung maßgeblich zu beschleunigen. Als Datenträger dienen Lochkarten, die mit unterschiedlichen Kategorien bedruckt sind und von der Maschine sowohl gelesen als auch gelocht werden.

Das NS-Regime organisierte mithilfe dieses Systems den Holocaust. Der US-amerikanische Marktführer IBM hatte 1922 die deutsche Produktionsfirma DEHOMAG übernommen und lieferte die Technologie an den NS-Staat. Durch Abfrage der Religion bei der Volkszählung 1933 konnte die jüdische Bevölkerung systematisch identifiziert werden. Die Technologie wurde auch genutzt, um den Transport der Verfolgten und die Massenvernichtung in den Konzentrationslagern zu organisieren. RR

Zensuserhebungen teilen Menschen in verschiedene Bevölkerungsgruppen ein. Dafür werden Kategorisierungen genutzt, in den USA zum Beispiel das erfundene Merkmal *Rasse*, das so eine offizielle Legitimation erhält. Anders als in den USA erfolgt in Deutschland die Einteilung in Gruppen nicht durch die gezählten Bürger*innen selbst: Ungeachtet der Selbstidentifizierung, findet die Einteilung in Bevölkerungsgruppen hierzulande anhand von Fremdzuschreibungen wie „Migrationshintergrund“ statt. JA

→ „Ergänzungskarte über Abstammung und Vorbildung“, 1939

Papier, Reichsamt für Statistik, Berlin

Bundesarchiv, Berlin

1939 wurde im Deutschen Reich eine große Volks-, Berufs- und Betriebszählung durchgeführt. Jeder Haushalt musste Auskunft über „Abstammung und Vorbildung“ geben. Den „Nürnberger Rassengesetzen“ von 1935 entsprechend wurde nun nicht mehr nach der Religion, sondern explizit nach der „jüdischen Abstammung“ gefragt. Die technische Datenverarbeitung ordnete anschließend jüdische Personen ihrer Meldeadresse zu. RR

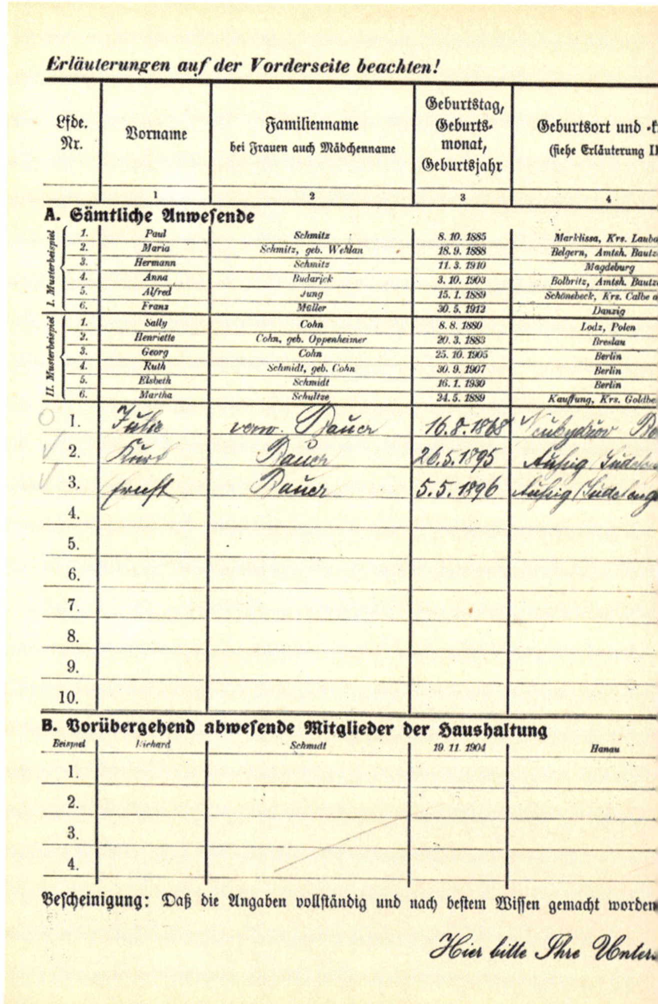

Erläuterungen auf der Vorderseite beachten!

Lfde. Nr.	Vorname	Familienname bei Frauen auch Mädchenname	Geburtstag, Geburtsmonat, Geburtsjahr	Geburtsort und -k… (siehe Erläuterung I…
	1	2	3	4
A. Sämtliche Anwesende				
I. Musterbeispiel 1.	Paul	Schmitz	8. 10. 1885	Marklissa, Krs. Laub…
2.	Maria	Schmitz, geb. Wehlan	18. 9. 1888	Belgern, Amtsh. Bautz…
3.	Hermann	Schmitz	11. 3. 1910	Magdeburg
4.	Anna	Budarjck	3. 10. 1903	Bolbritz, Amtsh. Bautz…
5.	Alfred	Jung	15. 1. 1889	Schönebeck, Krs. Calbe a…
6.	Franz	Müller	30. 5. 1912	Danzig
II. Musterbeispiel 1.	Sally	Cohn	8. 8. 1880	Lodz, Polen
2.	Henriette	Cohn, geb. Oppenheimer	20. 3. 1883	Breslau
3.	Georg	Cohn	25. 10. 1905	Berlin
4.	Ruth	Schmidt, geb. Cohn	30. 9. 1907	Berlin
5.	Elsbeth	Schmidt	16. 1. 1930	Berlin
6.	Martha	Schultze	24. 5. 1889	Kauffung, Krs. Goldbe…
1.	Julie	verw. Bauer	16.8.1868	Neubydzow Bö…
2.	Kurt	Bauer	26.5.1895	Aussig Sudet…
3.	Ernst	Bauer	5.5.1896	Aussig Sudetenl…
4.				
5.				
6.				
7.				
8.				
9.				
10.				
B. Vorübergehend abwesende Mitglieder der Haushaltung				
Beispiel	Richard	Schmidt	19. 11. 1904	Hanau
1.				
2.				
3.				
4.				

Bescheinigung: Daß die Angaben vollständig und nach bestem Wissen gemacht worden…

Hier bitte Ihre Unter…

Aus dem Gedenkbuch des Bundesarchivs für die Opfer der nationalsozialistischen Judenverfolgung in Deutschland (1933–1945):

Bauer, Julie, geborene Kafka
geboren am 16. August 1868 in Novy Bydzov (dt. Neubydzov) / – / Böhmen
wohnhaft in Dresden
Deportation: ab Dresden
7. September 1942, Theresienstadt, Ghetto
Todesdatum: 1. Dezember 1943
Todesort: Theresienstadt, Ghetto

Bauer, Kurt Curt
geboren am 26. Mai 1895 in Usti nad Labem (dt. Aussig) / – / Böhmen
wohnhaft in Dresden
Inhaftierung: 23./24. November 1942 – 2. März 1943, Hellerberg (Dresden), Sammellager
Deportation: ab Paderborn-Hannover-Erfurt-Dresden
2. März 1943, Auschwitz, Konzentrations- und Vernichtungslager
Todesdatum: 3. März 1943
Todesort: Auschwitz, Vernichtungslager

Bauer, Ernst
geboren am 5. Mai 1896 in Usti nad Labem (dt. Aussig) / – / Böhmen
wohnhaft in Dresden
Inhaftierung: 9. April 1943
Deportation: Mai 1943, Auschwitz, Konzentrations- und Vernichtungslager
Todesdatum: 17. Juli 1944
Todesort: Auschwitz, Vernichtungslager

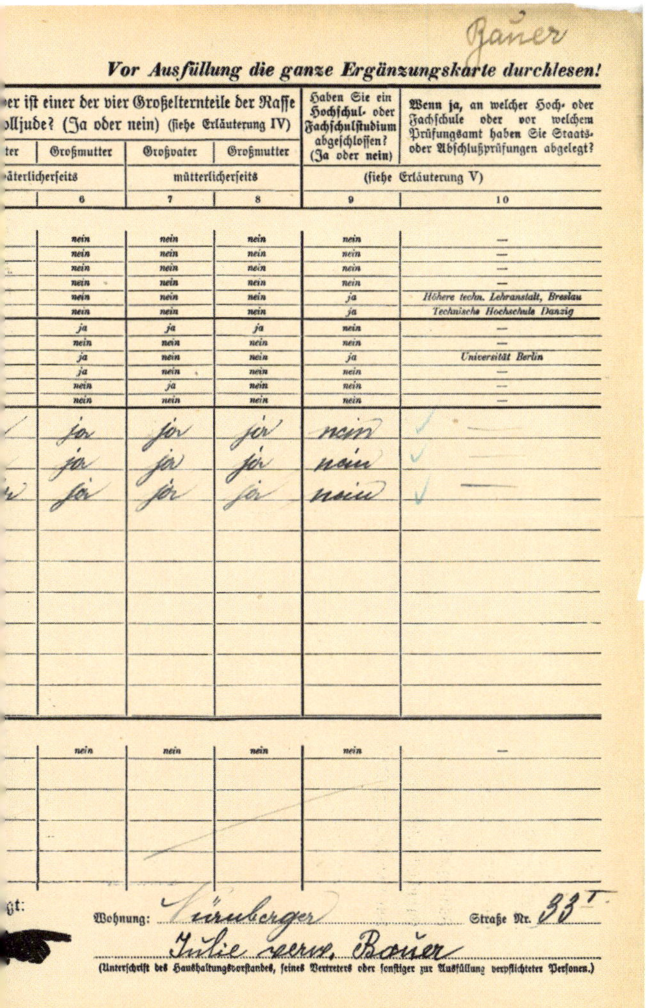

Bauer

Vor Ausfüllung die ganze Ergänzungskarte durchlesen!

…er ist einer der vier Großelternteile der Rasse …olljude? (Ja oder nein) (siehe Erläuterung IV)				Haben Sie ein Hochschul- oder Fachschulstudium abgeschlossen? (Ja oder nein)	Wenn ja, an welcher Hoch- oder Fachschule oder vor welchem Prüfungsamt haben Sie Staats- oder Abschlußprüfungen abgelegt?
…ter	Großmutter	Großvater	Großmutter		
…äterlicherseits		mütterlicherseits		(siehe Erläuterung V)	
	6	7	8	9	10
	nein	nein	nein	nein	—
	nein	nein	nein	nein	—
	nein	nein	nein	nein	—
	nein	nein	nein	nein	—
	nein	nein	nein	ja	Höhere techn. Lehranstalt, Breslau
	nein	nein	nein	ja	Technische Hochschule Danzig
	ja	ja	ja	nein	—
	nein	nein	nein	nein	—
	ja	nein	nein	ja	Universität Berlin
	ja	nein	nein	nein	—
	nein	ja	nein	nein	—
	nein	nein	nein	nein	—
	ja	ja	ja	nein	—
	ja	ja	ja	nein	
	ja	ja	ja	nein	—
	nein	nein	nein	nein	—

Wohnung: Nürnberger Straße Nr. 33 I

Julie verw. Bauer

(Unterschrift des Haushaltungsvorstandes, seines Vertreters oder sonstiger zur Ausfüllung verpflichteter Personen.)

↓ **Hollerith-Lochkarte, ungelocht, 1942**
Deutsche Hollerith-Maschinen Gesellschaft mbH, Berlin
Stiftung Deutsches Technikmuseum Berlin

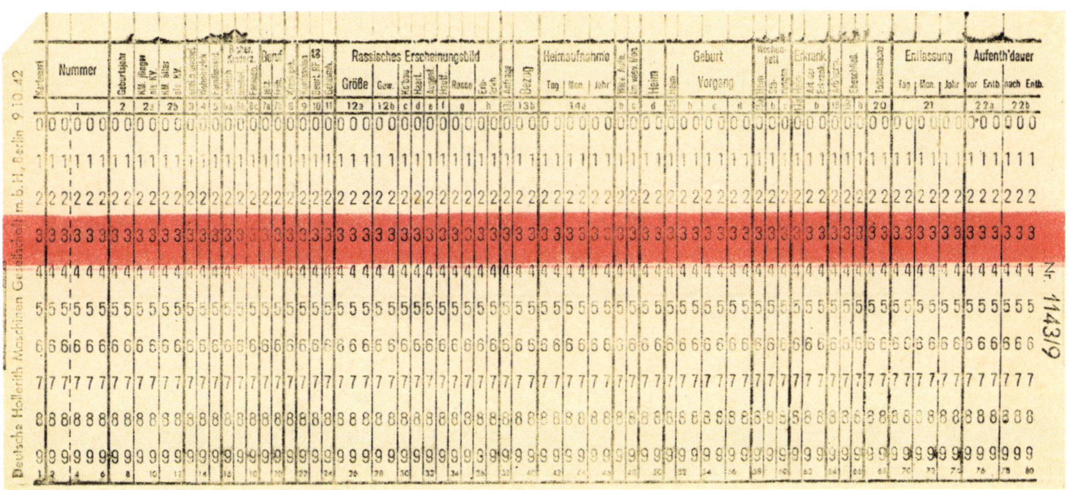

← **EDUARD SCHMIDT VON DER LAUNITZ (1797–1868)**

George Copway um 1850

Gips

Anatomische Sammlung,
Friedrich-Schiller-Universität Jena

Der Bildhauer aus Frankfurt am Main schuf sechs solcher Porträtbüsten. Hier ist der Autor und Methodistenprediger Kahgegagahbowh („Der, der sicher steht") dargestellt, bekannt als George Copway (1818–1869). Er setzte sich als First-Nations-Aktivist für die Rechte der kanadischen Ojibwe ein. 1850 sprach er als erster „indigener" Vertreter auf dem 3. internationalen Friedenskongress in Frankfurt am Main. SW

→ **EDUARD SCHMIDT VON DER LAUNITZ (1797–1868)**

Porträtbüsten nach Blumenbachs „Varietäten", um 1850

Gips

Anatomische Sammlung,
Friedrich-Schiller-Universität Jena

Die fünf Büsten veranschaulichen die Theorie des vergleichenden Anatomen und Anthropologen Johann Friedrich Blumenbach (1752–1840). Nach ihm gehören alle Menschen einer einzigen Gattung an. Durch Beobachtungen an seiner umfangreichen Schädelsammlung unterschied er fünf „Varietäten" nach ästhetischen Kriterien, die aber nicht klar voneinander abgrenzbar seien. Die körperliche Erscheinung sei von geografischer Herkunft und dem dortigen Klima geprägt. Entsprechende „Nationengesichter" nannte er kaukasisch, mongolisch, äthiopisch, amerikanisch und malayisch. Den Ursprung der Gattung sah er in der „kaukasischen" Variation, dem *weißen* Europäer. Gleichzeitig widersprach er Göttinger Kollegen, die die Versklavung von Menschen außerhalb Europas durch deren Abwertung rechtfertigen wollten. Einteilung und Hierarchisierung von fünf Großgruppen prägen bis heute vor allem die populäre Bildsprache. SW

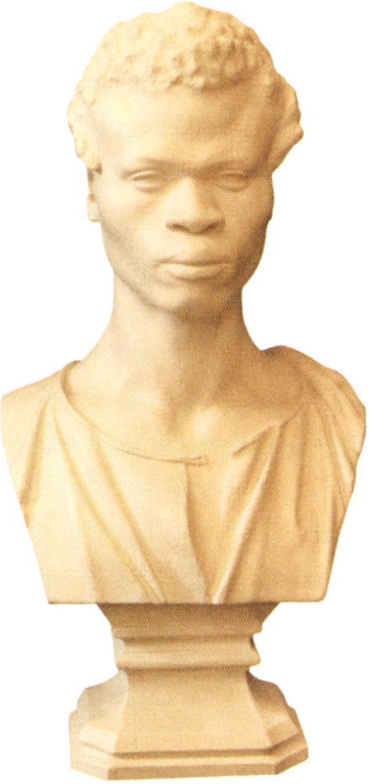

VV BROWN (*1983)

„Sacrifice“, 2014

Produced by Big Bouche and directed and performed by VV Brown

VV Brown verwendet in ihrem Musikvideo das Symbol der weißen Maske, angelehnt an die „Theorie des doppelten Bewusstseins“ des französischen Aktivisten und Philosophen Frantz Fanon (1925–1961). Schwarze Menschen, die in einer Gesellschaft leben, welche vornehmlich durch *weiße* Menschen repräsentiert wird, sind seit jeher gezwungen, Strategien zu entwickeln, um ihre eigene Identität zu verstecken. Damit versuchen sie, das Gefühl der Andersartigkeit und der Ablehnung zu vermeiden. Sie befinden sich in einer stetigen Pendelbewegung zwischen dem Tragen einer *weißen* Maske und dem Zeigen ihrer eigenen Identität. Dieses System haben *weiße* Männer zur eigenen Machterhaltung geschaffen und es hat sich über mehrere Jahrhunderte verfestigt. VV Brown ruft dazu auf, die *weiße* Maske abzulegen, und stellt die Frage: „Wer bist du wirklich und was bist du bereit dafür zu opfern?“ **RR**

ANNE-LOUIS GIRODET-TRIOSON (1767–1824)
Porträt von Jean-Baptiste Belley (um 1746–1805), 1797
Öl auf Leinwand
Musée national du Château de Versailles

Als Delegierter der französischen Kolonie Saint-Domingue wird Belley in der Kleidung der Abgeordneten des Pariser Konvents dargestellt. Lässig lehnt der Revolutionär an der Büste des Schriftstellers Abbé Raynal (1711–1796), der sich für die Aufhebung der Versklavung ausgesprochen hatte. Das Porträt zeigt die 1789 erkämpfte Egalité und unterläuft das Ideal zugleich. Der Künstler lässt Belleys rechte Hand auf sein Geschlecht deuten, ein zeitgenössischer Hinweis auf Unzivilisiertheit. Anstelle von Gleichheit bleibt die Hierarchie ihm gegenüber bestehen. SW

Jean-Baptiste Belley stammte von der Insel Gorée [Senegal] und wurde als Zweijähriger in die Sklaverei verkauft. Er konnte später genug Geld verdienen, um seine Freiheit zu kaufen. Als Kapitän der Infanterie war er an den Sklavenrevolten in Saint-Domingue, die durch die Französische Revolution ausgelöst wurden, maßgeblich beteiligt, und seine Armee besiegte nicht nur Napoleons Armee, sondern auch die britische und die spanische. Am 24. September 1793 wurde er das erste Schwarze Mitglied des französischen Konvents. Am 1. Januar 1804 führte die von Toussaint Louverture angeführte haitianische Revolution in die Unabhängigkeit des Landes als erste Schwarze Republik. LOS

G·T·RAYNAL·

→ **JEAN-GALBERT SALVAGE (1770–1813)**
Kopf des Apollo von Belvedere, 1806
Auf Muskeln und auf Knochen reduziert, Gips
Paris, Beaux-Arts de Paris, Inv.-Nr. MU 11923

Das Kennenlernen von Skelett und Muskeln gehörte zur medizinischen und künstlerischen Ausbildung. Jean-Galbert Salvage sezierte um 1800 Leichen im Militärhospital und erprobte seine Einsichten bei der anatomischen Wiedergabe dieses Kopfes. Der ganzfigurige marmorne Apollo von Belvedere der Antike, der häufig in Gips abgegossen wurde, prägt bis heute die europäische Ästhetik menschlicher Norm. **SW**

Mit der Erfindung von Menschenrassen und der damit verbundenen Produktion rassistischen Wissens entstanden auch maßgeblich vom Rassismus geprägte Ideale von Schönheit. Bis in die Gegenwart gelten äußere Merkmale, die für *weiß* beziehungsweise europäisch gehalten werden, als attraktiv und anziehend. Hierzu gehören beispielsweise gering pigmentierte Haut, glattes helles Haar, ein schmaler Nasenrücken und große Augen. *Weiß*sein als Standard für Schönheit, der mit der europäischen kolonialen Besetzung und Ausbeutung global verbreitet wurde, zeigt seine Wirkmacht heute weltweit in Produkten zur Aufhellung der Haut, zum Glätten von Haaren, in Operationen zur Veränderung von Nasen- und Augenformen. 2014 veröffentlichte die Online-Dating-Plattform OkCupid eine Studie, die aufzeigte, dass Schwarze Menschen als am wenigsten attraktiv und *weiße* Menschen als am begehrenswertesten eingestuft werden. **JA**

→ **JOHANN GOTTFRIED SCHADOW (1764–1850)**
„Selim du Darfour“, 1807
Gips, im Original koloriert, hier Abguss nach dem 3-D-Scan, 2017
Akademie der Künste, Berlin, Kunstsammlung

Wann genau der aus dem Gebiet des heutigen Sudan verschleppte Selim lebte, ist unbekannt. 1807 war er bei Johann Gottfried Schadow untergebracht, der seine Büste an der Antike orientierte. Der Künstler beschäftigte sich um 1800 mit Proportionsstudien und wandte sich zunehmend der „Verschiedenheit der Natur“, nicht mehr einem Ideal zu. Von ihm selbst ist dokumentiert, dass er Selim im persönlichen Umgang herabwürdigend behandelte. **SW**

J·G·Salvage

← **Bleichcreme „DEAR HEART“, 1999**
Cosmetic Expression Ltd., Luton, Großbritannien
Deutsches Hygiene-Museum, Dresden

Produkte, die die Haut aufhellen, finden enormen Absatz. Der Versuch, *weiß* zu werden, ist eine Folge rassistischer Ausgrenzung. In Nigeria, dem größten Markt für aufhellende Mittel, nutzen drei von vier Frauen solche Artikel. Der Effekt soll durch Cremes, Seifen und Masken erzeugt werden oder durch Injektionen und Medikamente. Die Cremes enthalten oft giftige Stoffe wie Quecksilber oder Arsen. RR

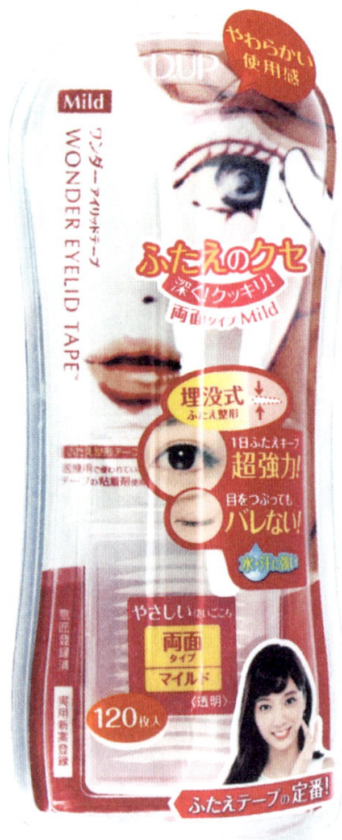

→ **„Wonder Eyelid Tape“, 2017**
D-UP CORPORATION, Tokio, Japan
Deutsches Hygiene-Museum, Dresden

Das Produkt verspricht eine permanente Lidfalte ohne operativen Eingriff, indem ein wochenlang zu tragender Klebestreifen Teile des Augenlids zusammenhält. Besonders in Südkorea reagieren viele Anwender*innen damit auf den Druck, sich der „westlichen Norm“ anzupassen. Dort findet sich die größte Dichte an Kliniken für plastische Chirurgie; 50 Prozent der unter Dreißigjährigen haben sich einer Schönheitsoperation unterzogen. RR

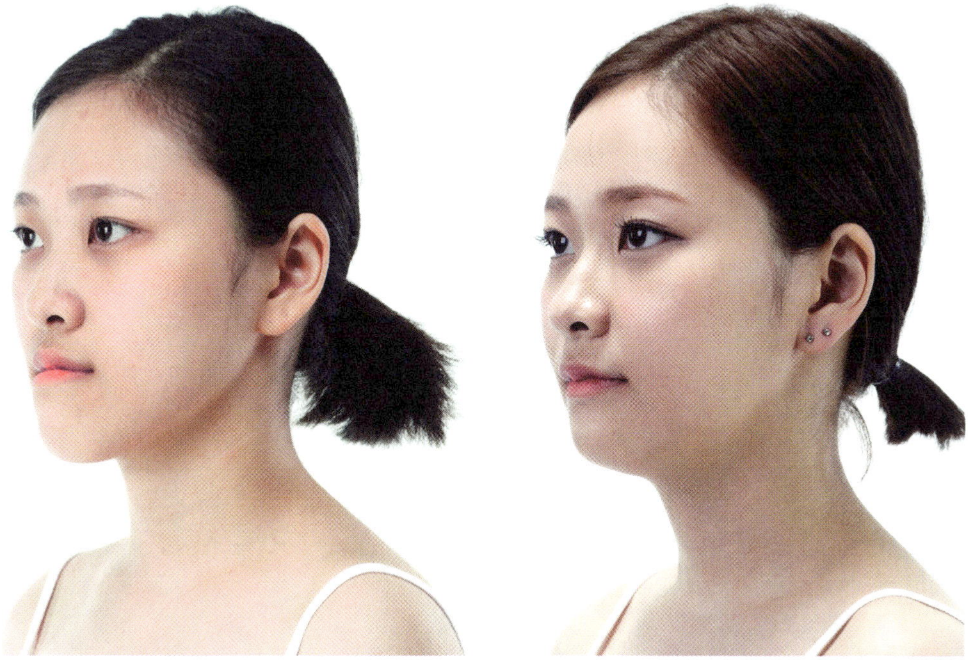

↑ **Werbung einer Klinik aus Südkorea**
Plastische Chirurgie nach „europäischer" Gesichtsform
ID Hospital, Seoul, Südkorea

1.2 Charaktere, Typen und Täter

Unser Blick auf andere Menschen ist von der Vorstellung geprägt, dass Charakter und „Kultur" an äußerlichen Merkmalen erkannt werden könnten. Im 18. Jahrhundert verbreiteten Physiognomik und Phrenologie die Auffassung, dass seelische wie moralische Eigenschaften und geistige Fähigkeiten angeboren, durch den Körper vorgegeben und typisierbar seien. Umgekehrt versprachen die beiden neuen Lehren, Menschentypen an Gesicht und Schädelform identifizieren und ihr Verhalten vorhersagen zu können. Dabei war die Unterscheidung von Typen nie eine bloße Beschreibung, sie stellte immer Hierarchien zwischen Menschen her.

Sogenannte Rassentypen definierten Anthropologen und Ethnologen im 19. Jahrhundert mithilfe derselben Instrumente, die Kriminalisten für Täterprofile benutzten. Die Anthropometrie lieferte das Werkzeug, um Körperproportionen, Haut, Haare und Augen auf der Suche nach willkürlich festgelegten „Rassenmerkmalen" zu vermessen. Dabei wurden biologische Daten mit zuvor bestimmten sozialen und kulturellen Mustern verknüpft. Statistische Verfahren konstruierten eine körperliche Norm, nach der Variationen und Nuancen als Abweichungen erschienen und damit als verdächtig galten. SW

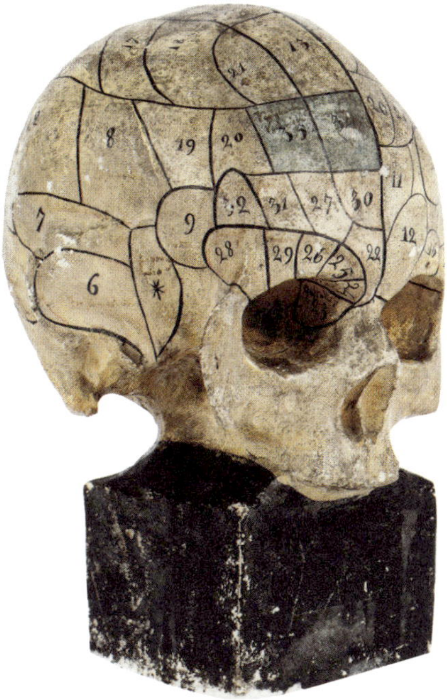

← **Phrenologisches Modell des menschlichen Schädels, vor 1833**
Nach Franz Joseph Gall (1758–1828; rechte Gehirnhälfte) und Johann Caspar Spurzheim (1776–1832; linke Gehirnhälfte)
Universität Heidelberg, Institut für Anatomie und Zellbiologie

Das Modell verkörpert die Schädellehre des Wiener Arztes Franz Joseph Gall und seines Schülers Johann Caspar Spurzheim. Nach hirnanatomischen Studien an Schädeln hielt Gall geistige und moralische Eigenschaften für angeboren und lokalisierte sie in 27 Hirnregionen, die er als Organe bezeichnete. Zudem präge die jeweilige Ausbildung der Hirnareale die Schädelform, die somit auf den Charakter schließen lasse. SW

„Der Charakter eines Menschen lässt sich angeblich an der Ausformung einzelner Hirnregionen und damit an der Form des Kopfes erkennen." Mit solchen Theorien haben sich *weiße* Männer wiederholt als allen anderen Mitgliedern der menschlichen Familie überlegen zu konstruieren versucht – eine Pseudowissenschaft, die die Entmenschlichung und Verdinglichung „der Anderen" rechtfertigen soll und bis heute nicht besiegt ist. LOS

→ **Tasterzirkel mit Koffer, Prof. Cesare Lombroso 1873**
Hersteller: Tecnomasio Mathieu
Museo die Antropologia criminale „Cesare Lombroso", Turin

Frühere Theorien hatten auf der Beschreibung der Schädelform beruht. Der Gerichtsmediziner und Psychiater Cesare Lombroso (1835–1909) wollte diese mit exakten Messdaten belegen. Er nahm an, dass die Neigung zu Verbrechen und psychischen Krankheiten erblich und anhand körperlicher Merkmale identifizierbar sei. Den Typus des Kriminellen sah er auf der stammesgeschichtlichen Entwicklungsstufe des „primitiven Menschen". SW

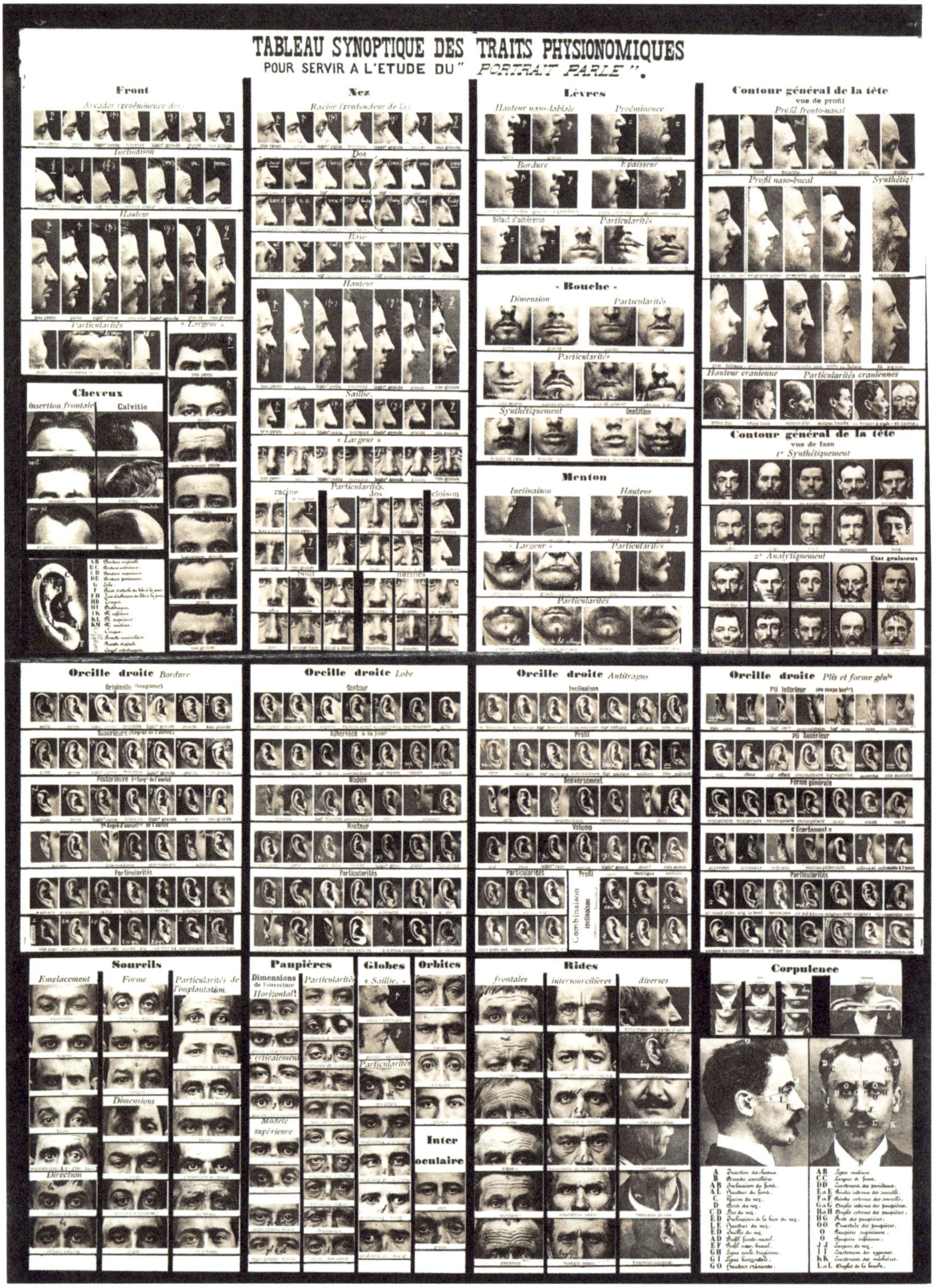
TABLEAU SYNOPTIQUE DES TRAITS PHYSIONOMIQUES
POUR SERVIR A L'ETUDE DU "PORTRAIT PARLE".
Front
Nez
Lèvres
Contour général de la tête
vue de profil
Bouche
Menton
Cheveux
Contour général de la tête
vue de face
Oreille droite Bordure
Oreille droite Lobe
Oreille droite Antitragus
Oreille droite Plis et forme génle
Sourcils
Paupières
Globes
Orbites
Rides
Corpulence

↓ **„Hautfarben-Tafel", um 1900**
Nach Felix von Luschan (1854–1924), Glasfluss-Steine, Fa. Puhl & Wagner, Berlin
Universitätsarchiv Jena, Bestand S, Abt. XLVII, Nr. 84

Die Bestimmungstafel des österreichischen Mediziners und Anthropologen von Luschan unterscheidet 36 Farbtöne. Sie war handlich, robust und unter Forschungsreisenden verbreitet. Anders als ähnliche Tafeln aus Papier, die ausbleichen und nicht in identischem Kolorit in Büchern gedruckt werden können, sind die Glassteine farbecht. Die tatsächliche Bandbreite von Hauttönen wird durch solche Übersichten ausgeblendet. **RR**

Während *Rasse* eine soziale Konstruktion ist, die oft nur in den Köpfen einzelner Menschen existiert, ist Hautfarbe eine unwiderlegbare visuelle Tatsache, die sich unmöglich verbergen lässt. Aufgrund des tief verwurzelten Rassismus ist Hautfarbe weiterhin das offensichtlichste Kriterium dafür, wie eine Person beurteilt wird: Menschen mit dunkler Haut werden gesellschaftlich benachteiligt, während Menschen mit heller Haut weltweit Privilegien genießen. **NAK**

← **Synoptische Tafel der menschlichen Physiognomie zum Studium des „portrait parlé", 1893**
Alphonse Bertillon (1853–1914)
Collection J. + C. Mairet, Paris

Der Leiter des Pariser Erkennungsdienstes, Alphonse Bertillon, entwickelte eine Art Wörterbuch der Gesichtselemente, das „portrait parlé". Dafür zerteilte er Gesichtsbilder in typische Merkmale, deren Varianten er gruppierte. Die Formen von Nase, Mund, Augen, Stirn und Ohren galten als relevant, um Täter*innen zu identifizieren. Dahinter stand auch der Versuch, Delinquent*innen anthropologisch zu erfassen. **SW**

↓ **30 Haarfarbenmuster, 1907**
Nach Eugen Fischer (1874–1967), gefärbte Zellulose
Universitätsarchiv Jena, Bestand S, Abt. XLVII, Nr. 87

Der Mediziner Eugen Fischer war 1927 Mitbegründer des Kaiser-Wilhelm-Instituts für Anthropologie, menschliche Erblehre und Eugenik in Berlin. Seine Haarfarbentafel gehörte in den 1930er-Jahren neben Felix von Luschans und Rudolf Martins Tafeln zu Haut- und Augenfarben zum Standard anthropologischer Untersuchungen. Kennziffern aus den Tafeln wurden in „Rassenbiologische Untersuchungsblätter" eingetragen. **RR**

Stets als negativ beschrieben, wurden Schwarze Haare als Symbol der Unterdrückung klassifiziert. Um den *weißen* Schönheitsstandards zu entsprechen, veränderten vor allem Schwarze Frauen ihre Haarstruktur so, dass sie „europäisch" anmutete. Das offene Tragen von Schwarzem Haar in seinem natürlichen Zustand ist infolgedessen zu einer komplexen und politisierten Handlung geworden und kann als Ausdruck der Befreiung verstanden werden. **NAK**

→ **Etui mit 50 Augenprothesen aus Glas, um 1880**
F. Ad. Müller Söhne, Fabrik künstlicher Augen, Wiesbaden
Universität Zürich, Institut für Evolutionäre Medizin, Medizinische Sammlung

Der Pionier der deutschen Augenprothetik, Ludwig Müller-Uri (1811–1888), reagierte um 1850 im thüringischen Lauscha auf den Bedarf an künstlichen Augen nach Schuss- und Stichverletzungen in Duell und Krieg. Das Etui wirbt mit Prämien, welche das Produkt seit den 1870er-Jahren auf internationalen Messen erhielt. Die Farbvielfalt der Augen ist hier breiter abgebildet. **SW**

→ **Augenfarben-Tafel nach Prof. Dr. Rud. Martin, 1920-Jahre**
Glas
Universitätsarchiv Jena

Die erste „Augenfarb-Tafel“ mit 16 Glasaugen stammt von Rudolf Martin; sein *Lehrbuch der Anthropologie* von 1914 prägte Generationen. Der französische Anthropologe Paul Broca hatte 1879 die Klassifikation von Augenfarben publiziert und dabei auch die Probleme bei der eindeutigen Bestimmung von Farben der Iris beschrieben. Deren Anzahl wurde für spätere Mustertafeln immer wieder überarbeitet. SW

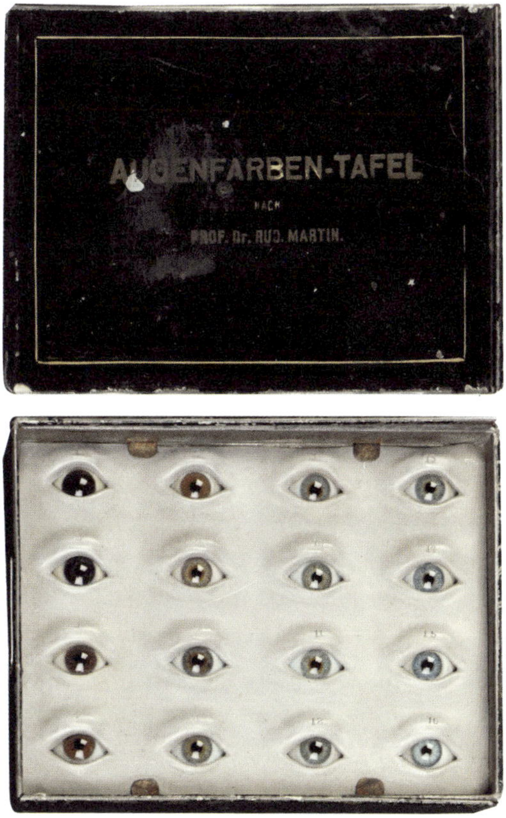

Anthropologische Sammlung von Haarproben, 1900

Felix von Luschan (1854–1924)

Naturhistorisches Museum Wien

In europäischen Sammlungen lagern unzählige menschliche Überreste. 1914 hatte Felix von Luschan die *Anleitung zu wissenschaftlichen Beobachtungen auf dem Gebiete der Anthropologie, Ethnographie und Urgeschichte* herausgegeben. Darin forderte er dazu auf, in den Kolonien systematisch Untersuchungsmaterial zu beschaffen, bevor „die völlige Vernichtung vieler Naturvölker" eintrete. Das Vorhaben wird heute als „Rettungsanthropologie" bezeichnet. Auch Haare waren als Untersuchungsobjekte gefragt, um Rassentheorien zu untermauern. Nicht nur Wissenschaftler*innen, auch Offiziere, Beamte, Siedler*innen und Missionar*innen übergaben die Objekte europäischen Instituten und Museen. Schädel werden heute von Museen als menschliche Überreste anerkannt und teilweise an Herkunftsgemeinschaften zurückgegeben. Dagegen ist der Umgang mit menschlichen Haaren als sogenannten nachwachsenden Körperteilen umstritten. **RR**

Unsere Ahnen in euren Museen? Zerschnitten, vermessen, untersucht und ausgestellt? Unsere Urgroßväter und -mütter in Schachteln gestapelt? In grauen Regalen und Schuhkartons? Ihre Haare in Kästen? Ihre Herzen und Hirne in Alkohol? Im Weltmuseum Wien sind noch immer Köpfe ausgestellt. Die Köpfe „der Anderen". Unsere Köpfe. **MSM**

TASHA DOUGÉ (*1981)

„This Land is OUR Land aka Justice“, 2016

Synthetisches Haar, Baumwolle und Maschendraht

Foto: Anthony Lewis

Der Wohlstand der USA beruht großteils auf einem System der Ausbeutung, was von der *weißen* Geschichtsschreibung verschleiert wird. Tasha Dougé jedoch hat die Flagge des Staates aus Materialien geknüpft, die die Rolle von Menschen afrikanischer Herkunft in der Geschichte des Landes symbolisieren: Sie wählte gekräuseltes Synthetik-Haar, weil Schwarzes Haar unverkennbar ist und schon lange Emanzipation und Widerstand symbolisiert. Die Sterne bestehen aus Baumwolle, dem wichtigsten Exportgut der USA im 19. Jahrhundert, für dessen Produktion fast ausschließlich Schwarze ausgebeutet wurden. Der Antrieb für Dougés Arbeit war Donald Trumps Wahlkampfslogan „Make America Great Again“. Der Titel des Werkes spielt auf den Song „This Land is Your Land“ (1940) von Woody Guthrie an. Damit prangerte die Friedensbewegung der 1960er-Jahre die Rassentrennung an; es wurde zu einer alternativen Nationalhymne der USA. RR

1.3 Vermessung, Abformung und Ausstellung

Die Konstruktion vermeintlicher Rassentypen in der zweiten Hälfte des 19. Jahrhunderts wird als wissenschaftlicher Rassismus bezeichnet. Zu jener Zeit entstanden zahlreiche der heute bekannten Disziplinen: Medizin, Biologie, Zoologie, Anthropologie und Ethnologie. Sie stellten ihre neuen Methoden in den Dienst der Rassenideologie. Abgüsse, mikroskopische Fotografien, Ganzkörpernachbildungen, kolorierte Karten und Wandtafeln sollten dabei den Anschein von Objektivität erzeugen. In Ausstellungen, im Unterricht und in Publikationen dienten sie als Anschauungsmaterial zur Verbreitung der Rassentheorien. Gigantische Archive von menschlichen Überresten, anthropometrischen Fotografien und in Gips abgeformten Körperteilen lagern seither in den Sammlungen europäischer Universitäten und Museen.
Datenerhebungen in den Kolonien und Formen, die dort am nackten, lebenden Körper abgenommen wurden, entstanden durch Zwang und Unterdrückung. Publikationen und Briefe beweisen, dass sich die Forscher der Brutalität ihrer Handlungen durchaus bewusst waren. Auch der Widerstand der Personen, die fotografiert oder abgeformt wurden, ist dokumentiert. SW

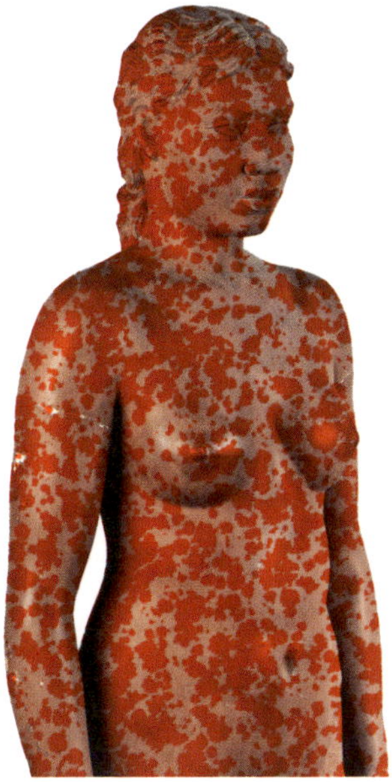

↑ **Anthropologischer Idealtypus „Mikronesierin“, Karolinen [Förderierte Staaten von Mikronesien/Palau], 1939**
Gips, Abguss 1940
Naturhistorisches Museum Wien

Die Figur einer „Mikronesierin“ wurde auf der „Deutschen Kolonialausstellung“ in Dresden gezeigt. Sie sollte den Idealtypus einer Frau in der ehemaligen deutschen Kolonie im Pazifik repräsentieren. Der nackte weibliche Körper spiegelt das koloniale Versprechen von Südsee-Exotik. Vorlagen waren Fotografien einer deutschen „Südsee-Expedition“ von 1909, die der Leiter des Hamburger Völkerkundemuseums, Georg Thilenius, 1935 veröffentlichte. **VS**

Mikronesien besteht aus neun Inselgruppen mit jeweils eigenständiger Kultur, Sprache und Geschichte. Wer das Mädchen ist, wie sie heißt oder von welcher Insel sie stammt, ist unbekannt. Sie diente – vermutlich unwissentlich – als „Muse“ für den Künstler, der sie exotisierte und sexualisierte. Die *weiße* europäische Frau hingegen wurde als Gegenbild imaginiert, was ihr erlaubte (vollständig bekleidet) eine sexuelle Freizügigkeit zu genießen. **NAK**

↑ **Weißes Kleid, um 1905**
Baumwolltüll, genäht und bestickt
Museum Europäischer Kulturen, Staatliche Museen zu Berlin – Stiftung Preußischer Kulturbesitz, Berlin

Das Tüllkleid wurde wahrscheinlich in Deutsch-Südwestafrika [Namibia] getragen. Auf zahlreichen Fotografien der damaligen Kolonien sticht helle Garderobe aus Gruppen Schwarzer, teils unbekleideter Personen heraus. Das sollte koloniale Macht und kulturelle Überlegenheit demonstrieren. Die Stilisierung weißer Kleidung unterstrich also nicht nur den sozialen Status, sondern auch den *weißen* Herrschaftsanspruch. **SW**

→ **Gipsstückform der Gesichtsmaske eines Mannes aus Matupi [Papua-Neuguinea], 1883/87**
Gips, Louis und Gustave Castan (1828–1909 bzw. 1836–1899), Berlin
Staatliche Museen zu Berlin, Gipsformerei (Inv.-Nr. 5377) (Eingang 1902)

Der Ethnologe und Anthropologe Otto Finsch nahm um 1880 in Neubritannien [Papua-Neuguinea] viele Gesichtsmasken ab. Die brutale Prozedur beschreibt er als „nicht eben angenehm". Aufgrund der körperlichen Vielfalt gelang es ihm nicht, „Rassencharaktere" nachzuweisen. Von Finschs Abformungen machten die Brüder Castan kolorierte Gipsmasken, die als Lehrmittel vertrieben und in populären Ausstellungen gezeigt wurden. SW

„Sehr typischer Mann mit charakteristisch viereckigem Gesichtsumriss infolge der stark ausladenden Unterkieferwinkel, den ich mich deshalb in dieses Album aufzunehmen entschloss, trotz der wenig scharfen Aufnahme und trotz aller fehlenden Maße, da der Mann eine anthropologische Aufnahme strikt verweigerte, obwohl er jahrelang als Schmetterlingsjäger in meinen Diensten stand."

Bernhard Hagen: *Anthropologischer Atlas ostasiatischer und melanesischer Völker*, 1898

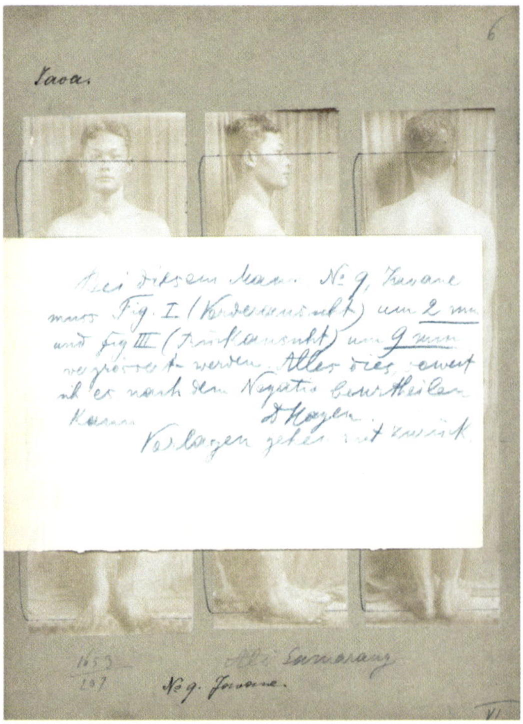

← **„Ali, 22 Jahre alt, von angeblich echten Eltern, von Samarang. Javane. Nr. 9“, 1890–1910**
Karteikarte mit drei Fotografien in unterschiedlicher Ansicht
Weltkulturen Museum, Frankfurt am Main

Seinen „anthropologischen Atlas“ (1898) verstand der Ethnologe und Anthropologe Bernhard Hagen als Quellensammlung und suchte nach Belegen für „Rassenreinheit“. Zuvor hatte er als Plantagenarzt Messdaten und Fotografien von mehreren Hundert meist jungen Männern gesammelt. Entsprechende anthropometrische Datenblätter nackter Personen kursieren heute in vielen Ausstellungen und Publikationen. SW

↑ **Abformung des Kopfes von Wilfred Tjiueza, 1931**
Fotografiert von einem Mitarbeiter Hans Lichteneckers (1891–1988)

Für sein geplantes Archiv „aussterbender Rassen“ produzierte Hans Lichtenecker in Deutsch-Südwestafrika [Namibia] Abformungen, Messdaten, Fotografien und Stimmaufnahmen. Auf diesen spricht Wilfred Tjiueza von den Folgen des Völkermords an den Herero. Auf anderen Tondokumenten artikulierten Sprecher Widerstand gegen das Abgeformtwerden und die Sorge über den Verbleib der Masken. SW

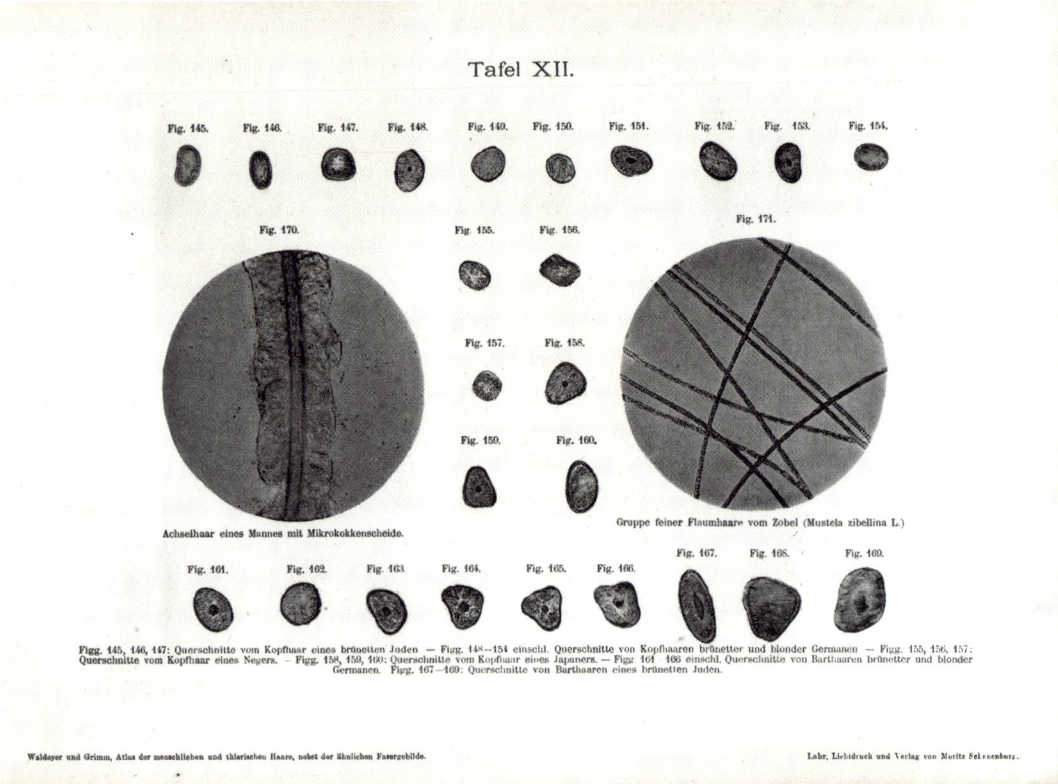

↑ **Mikroskopische Fotografie von Haaren, 1884**
Wilhelm Waldeyer (1836–1921)
Atlas der menschlichen und tierischen Haare sowie der ähnlichen Fasergebilde,
Lahr 1884, Tafel XII („brünetter Jude“ und „blonder Germane“)
Staatsbibliothek zu Berlin – Preußischer Kulturbesitz

Zwischen 1880 und 1920 wurden – neben Haut und Augen – auch Haare als „Rassenmerkmal“ genauer untersucht. Die Forscher nahmen meist bloße phänotypische Beschreibungen nach unterschiedlicher Systematik vor und trugen damit zur Typisierung von Gruppen bei. Die Tafel des Anthropologen Wilhelm Waldeyer zeigt Haare im Blick durch ein Mikroskop und soll so objektiv erscheinen. **SW**

→ **TIMOTHY FADEK (*1965)**
Toni Morrison, 2009
Fotografie

Die US-amerikanische Autorin und Literaturnobelpreisträgerin Toni Morrison trug ab den 1960er-Jahren als Verlagslektorin maßgeblich zur Etablierung Schwarzer Autor*innen bei. In ihren eigenen Romanen erzählt sie von Schwarzen Frauen und Communities, Rassismus in den USA und den Folgen der Versklavung bis heute. Ihr Essay „Im Dunkeln spielen“ (1992) gilt als Gründungstext der kritischen *Weiß*seinsforschung. **RR**

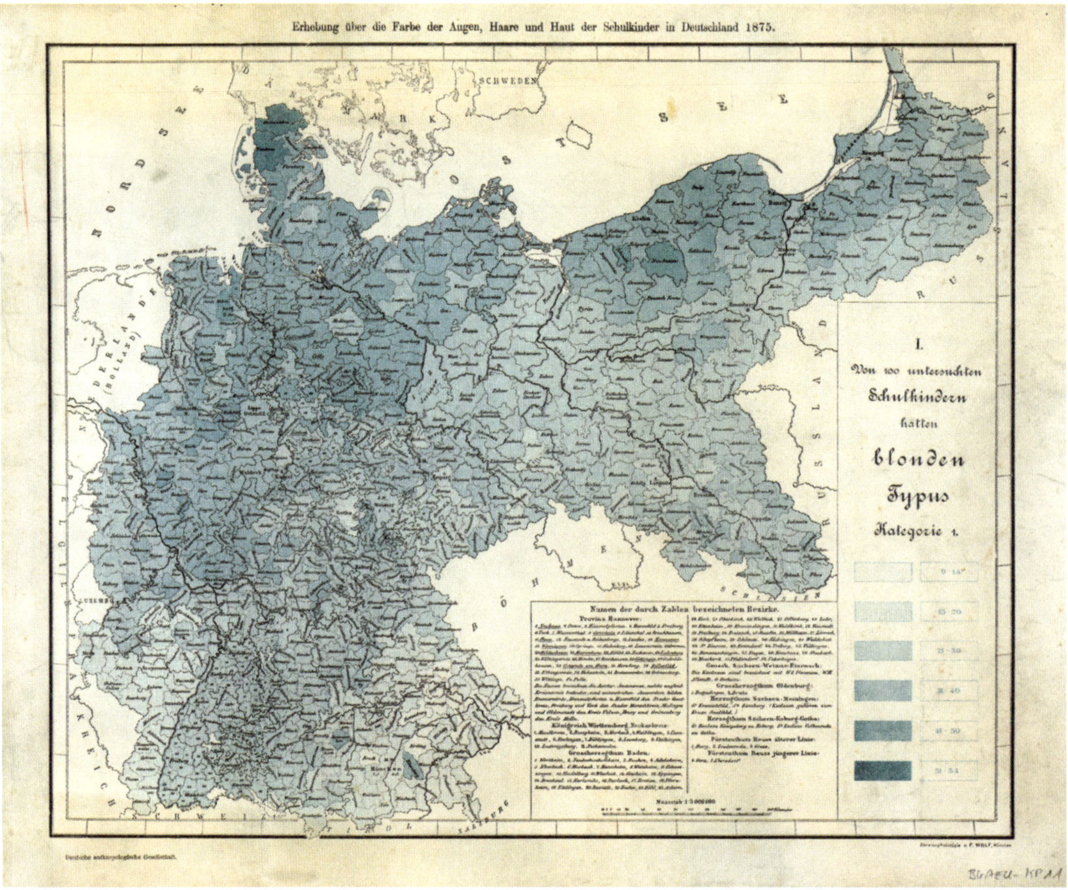

↑ **Karte zur Verteilung von „Rassenmerkmalen" bei Schulkindern, 1875**
Rudolf Virchow (1821–1902)
Sammlung und Archiv der Berliner Gesellschaft für Anthropologie, Ethnologie und Urgeschichte

Der Mediziner Rudolf Virchow und seine Deutsche Anthropologische Gesellschaft ließen 1874 die Farben der Augen, Haare und Haut von Schulkindern aufzeichnen. In langen Zahlenreihen wurden festgelegte „Rassenmerkmale" erfasst und die Verteilung des „blonden" und des „brünetten Typus" als Faktum auf Karten abgebildet. Das erst 1871 gegründete Deutsche Reich erschien so als Verbreitungsgebiet der „germanischen *Rasse*". VS

→ **Schülerinnen mit „Rassenköpfen" und Vererbungstafeln, 1935**
Fotografie, Johann-August-Zeune-Schule, Berlin
Deutsches Blinden-Museum Berlin

Für blinde und sehbehinderte Schüler*innen wurden Lehrmittel der Rassenkunde als dreidimensionale Modelle angefertigt. Sie sollten als typisch angesehene „Rassenmerkmale" an Gipsköpfen ertasten und mit speziellen Instrumenten Köpfe vermessen. Vor allem Schüler*innen mit angeborener Sehschwäche waren direkt von den Vermittlungszielen der „Rassenkunde" betroffen. Der Unterricht sollte sie davon überzeugen, ihrer Unfruchtbarmachung im Interesse der „Volksgesundheit" zuzustimmen. RR

→ **Schulungslager für Schulhelferinnen in Nürtingen, 1943**
Propagandafoto
Deutsches Historisches Museum, Berlin

Vererbungslehre und „Rassenkunde“ wurden durch umfangreiches Unterrichtsmaterial vermittelt. Das Foto zeigt in einem Schulungslager die 1935 entstandene Schautafel „Bilder deutscher Rassen“ nach Otto Reche und das Formular einer Ahnentafel. Reche war Mitglied des NS-Lehrerbunds und erstellte als Leiter des Leipziger Universitätsinstituts für Rassen- und Völkerkunde „rassenbiologische“ Abstammungsgutachten. SW

1.4 Vererbung, Abstammung und Entwicklung

Fossile Funde und die Evolutionstheorie Charles Darwins befeuerten Mitte des 19. Jahrhunderts die Frage nach der Abstammung des Menschen. Darwin hatte die Prinzipien biologischer Vererbung bei der Zucht von Tauben beobachtet. Er schlussfolgerte, dass das „System der Natur" nicht konstant war, sich die Arten nach dem Prinzip einer „natürlichen Selektion" hingegen veränderten und entwickelten. Zufällig vererbte Merkmale, die für das Überleben in einer spezifischen Umwelt nützlich seien, würden so zu charakteristischen Merkmalen, während alle anderen Wesen nicht überleben könnten. Die Frage nach Ursprung und Entwicklung stellte sich damit auch für den Menschen. Als Bindeglied zwischen dem „höchsten Affen" und dem „niedrigsten Menschen" galt der „Wilde", den man in den außereuropäischen Kolonien anzutreffen glaubte. Entwürdigung und Ausbeutung wurden daraus ebenso abgeleitet wie die „Pflicht" zur Zivilisierung.
Zeitgleich erfuhr Darwins „Ringen der Arten um Überleben" eine Umdeutung zum „Kampf der Rassen". Francis Galton gilt als Begründer der eugenischen Soziallehre. Er leitete aus den Prinzipien der selektiven Vererbung die Möglichkeit der gezielten Auswahl und Züchtung des Menschen ab.
SW

8 Taubenpräparate aus der Sammlung von Prof. Jürgen W. Harms

Institut für Spezielle Zoologie und
Evolutionsbiologie mit Phyletischem Museum an
der Friedrich-Schiller-Universität Jena

Rassen sind das Ergebnis von Tierzucht. In der Natur gibt es sie nicht. Jürgen Wilhelm Harms, ein späterer Nachfolger auf Ernst Haeckels Jenaer Lehrstuhl für Zoologie (1936–1949), züchtete Darwins Modellorganismen nach. Bei der Zucht werden biologisch bereits angelegte typische Merkmale besonders herausgebildet. Zuchttauben unterscheiden sich von der natürlichen Felsentaube unter anderem im Flügelschnitt. Die verschiedenen Taubenrassen werden hier als regionale Linien gezeigt. Deren gezüchtete Merkmale sind am Kopf, im Fuß- und Schwanzbereich sowie an der Farbgebung zu sehen. SW

Thüringer Schnippe

Fränkisches Samtschild

Sächsische Schwalbe

Thüringer Schwalbe weiß

Felsentaube

Stargarder Zitterhals

Aachener Lackschildmövchen

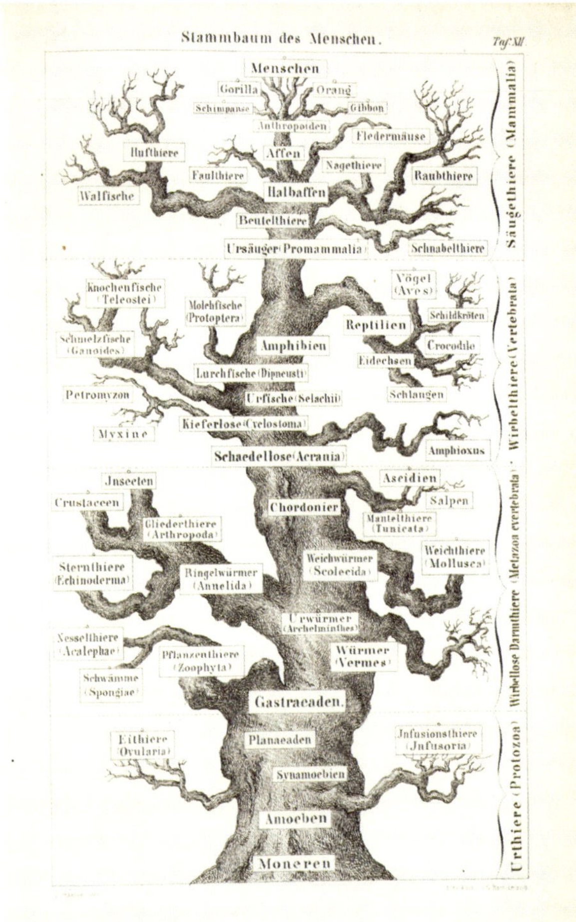

↑ **Systematischer Stammbaum des Menschen, 1874**
Ernst Haeckel (1834–1919)
In: *Anthropogenie oder Entwicklungsgeschichte des Menschen. Gemeinverständliche wissenschaftliche Vorträge über die Grundzüge der menschlichen Keimes- und Stammes-Geschichte*, Verlag von Wihelm Engelmann, Leipzig 1874, Tafel XII
Friedrich-Schiller-Universität Jena / Ernst-Haeckel-Haus

Der Jenaer Zoologe Ernst Haeckel, bekannt für seine Theorien zur „Stammesgeschichte des Menschen", verbreitete Charles Darwins Evolutionstheorie in Deutschland. Seit dieser sollte die Darstellung der Ordnung in der Natur um eine historische Dimension erweitert werden. Die Entwicklungsgeschichte des Menschen deutete er als lineare Höherentwicklung und nutzte dafür das Bild des Stammbaums. **SW**

→ **Saal des Jenaer Volkshauses anlässlich Ernst Haeckels Vortrag „Das Menschenproblem und die Herrentiere von Linné", 17. Juni 1907**
Friedrich-Schiller-Universität Jena / Ernst-Haeckel-Haus

Carl von Linné hatte alle Lebewesen in einem „System der Natur" klassifiziert und Charles Darwin diese konstante Ordnung in eine genealogische Reihung übersetzt. Ernst Haeckel konstruierte den „Herrenmenschen" als höchste Entwicklungsform. Bei der Verbreitung dieser Ideologie profitierte er von populären Vermittlungsformen, die er sich als Wissenschaftler angeeignet hatte. Die Bilder zu seinem Vortrag zeigten „Naturvölker" in der Nähe von Primaten. Daraus leitete Haeckel *weiße* Überlegenheit und Herrschaftsanspruch ab. **SW**

Weiße Männer haben in den letzten Jahrhunderten immer wieder versucht, ihre vermeintliche Überlegenheit mit Theorien zu begründen, darunter auch Ernst Haeckel mit seiner Abstammungslehre. Heute ist es jedoch wissenschaftlich bewiesen, dass die ersten Menschen Schwarz waren und dass alle Menschen von ihnen abstammen. Afrika ist die unumstrittene Wiege der Menschheit und es ist an der Zeit, dies in der Praxis anzuerkennen. **LOS**

← **Büste eines Neandertalers, zw. 1930 und 1961**
Vermutl. nach James Howard McGregor (1872–1954)
Deutsches Hygiene-Museum, Dresden

Darstellungen von Neandertalern spiegeln nicht nur den Kenntnisstand der Naturwissenschaften, sondern auch ideologische Diskussionen der jeweiligen Zeit. Nach Skelett- und Schädelfunden wurden die menschlichen Vorfahren rekonstruiert. Sie wurden als „Wilde" oder mal dem Tier, mal dem Menschen näher verbildlicht. Die Büste folgt wahrscheinlich der Rekonstruktion eines 1908 in La Chapelle-aux Saints gefundenen fossilen Schädels durch den Zoologen James Howard McGregor. Beauftragt hatte ihn der Eugeniker und Präsident des American Museum of Natural History, Henry Fairfield Osborn. Dieser ging von der parallelen Entwicklung isolierter Menschentypen aus und leugnete eine gemeinsame, verzweigte Abstammung aller Menschen.
SW

DARWIN
EINE TRAGÖDIE IN DEN TIEFEN DES URWALDES

← **„Darwin oder im Fieber unter Afrikas Tropensonne. Eine Tragödie in den Tiefen des Urwaldes“, 1919**
Filmplakat, John Hagenbeck-Film GmbH
Regie: Fritz Bernhard
Filmarchiv des Bundesarchivs, Berlin

↑ EMMANUEL FRÉMIET (1824–1910)
Gorilla, ein Mädchen raubend, 1887
Bronze, versilbert
Wien Museum, Inv.-Nr. HV 5299

Charles Darwins Evolutionstheorie rückt den Menschen in die Nähe von Primaten und erzählt die Entwicklung der Arten als Ringen um das Überleben. In dieser Skulptur erscheint der Gorilla menschenähnlich und fremdartig zugleich. Die Vorstellung, dass er sich mit Menschen reproduzieren könne, steigert seine Bedrohlichkeit. Mit King Kong wurde das Sujet des Frauenraubs 1933 im Film populär. Es befeuert bis heute die Angst vor „dem Fremden“. SW

↑ WOLFGANG HUGO RHEINHOLD (1853–1900)
Affe, einen menschlichen Schädel betrachtend, um 1892
Bronze
Friedrich-Schiller-Universität Jena / Ernst-Haeckel-Haus

Die Pose des vermenschlichten Affen zitiert europäische Meisterwerke: Auguste Rodins Skulptur des „Denkers“ und William Shakespeares Tragödie „Hamlet“. Zu den Folianten, auf denen der Schimpanse sitzt, gehören die Bibel und ein Buch Charles Darwins. Dessen Evolutionstheorie bildet die Grundlage für den Rollentausch, den die Statuette vorführt. Ironisch veranschaulicht sie zentrale Debatten ihrer Zeit. VK

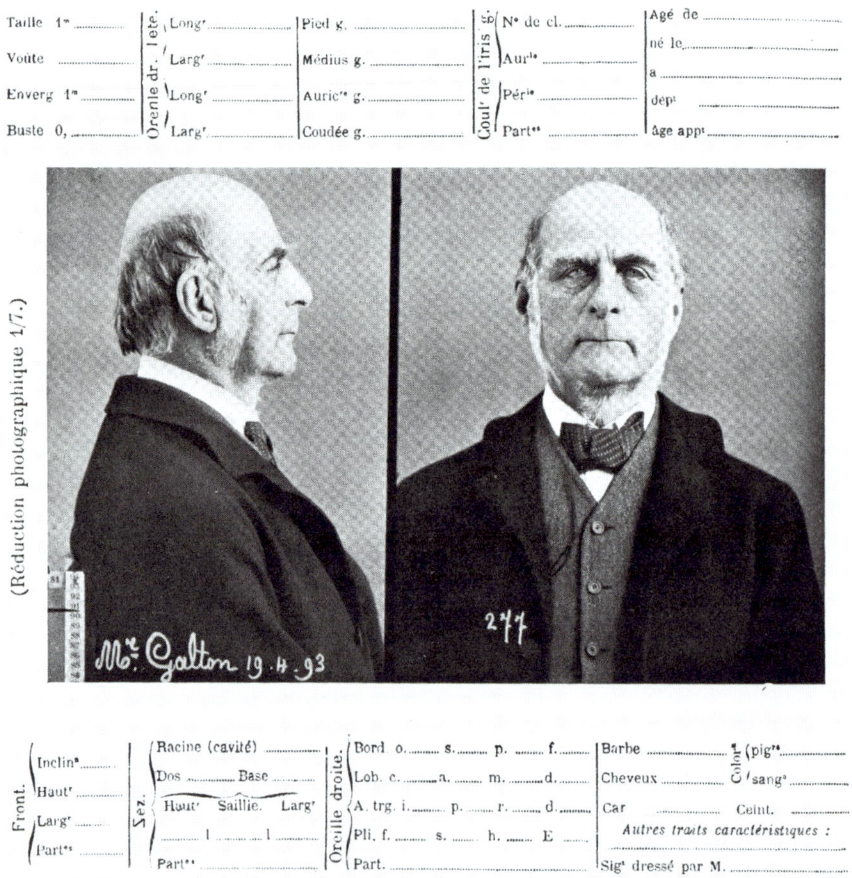

Francis Galton, aged 71, photographed as a criminal on his visit to Bertillon's Criminal Identification Laboratory in Paris, 1893.

Francis Galton, 1893

Alphonse Bertillon (1853–1914)
Karteikarte der anthropometrischen Registratur
Musée de la Préfecture de Police, Paris

Francis Galton, der sich mit der Idee beschäftigte, die Gesellschaft durch Selektion zu züchten, ist hier von seinem Pariser Kollegen, Alphonse Bertillon, „erkennungsdienstlich erfasst". Der Pariser Kriminalist hatte ein System der anthropometrischen Identifizierung von Straftäter*innen entwickelt. Es verzeichnete neben der standardisierten Fotografie ausgewählte Körpermaße und ermöglichte so die Sortierung der Karteikarten. SW

„Jüdische Gesichter“, um 1885

Francis Galton (1822–1911)
Composite-Fotografie
Wellcome Library, University College, London

Neben der Idee einer eugenischen Verbesserung der Gesellschaft entwickelte Francis Galton die Composite-Fotografie. Dafür werden Einzelporträts einer ausgewählten Gruppe übereinander auf einer Fotoplatte belichtet: Individuelle Merkmale verschwinden zugunsten eines imaginären Typus. So ließen sich Verwandtschaftsbezüge, „Kriminelle“, „Kranke“ oder „Rassentypen“ in einer bildlichen Statistik konstruieren. SW

Bei der „verdachtsunabhängigen Personenkontrolle“ wird ein phänotypischer „Anderer“ kreiert. Diese „Schleierfahndung“ findet meist in Grenzgebieten statt. Die Polizei nimmt an, dass eine Person mit einer bestimmten Hautfarbe, Haarstruktur und Bekleidung nicht deutsch sei, und kontrolliert deren Aufenthaltsstatus. Von äußeren Merkmalen wird auch auf Straftaten geschlossen, zum Beispiel Drogenbesitz. Die Praxis ist nicht nur rassistisch, sondern gesetzeswidrig und ineffektiv. Zahlreiche Verbände und NGOs kritisieren das Verfahren als „Racial Profiling“. LA

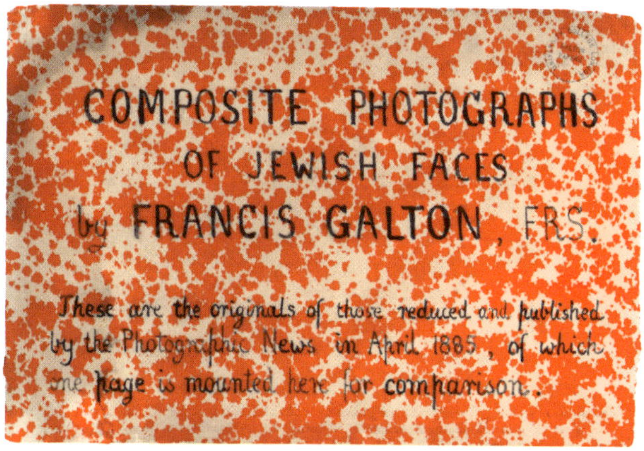

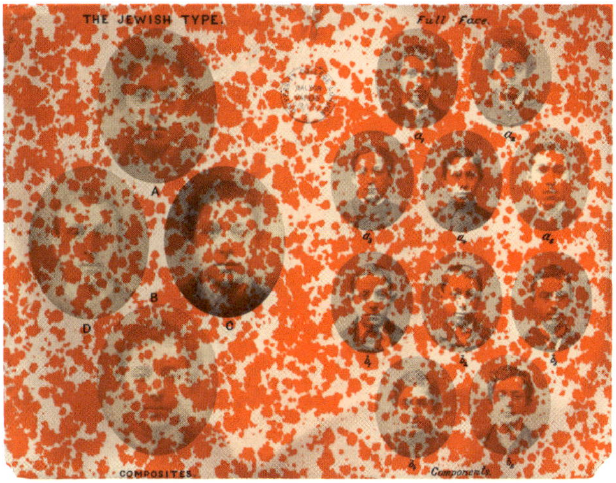

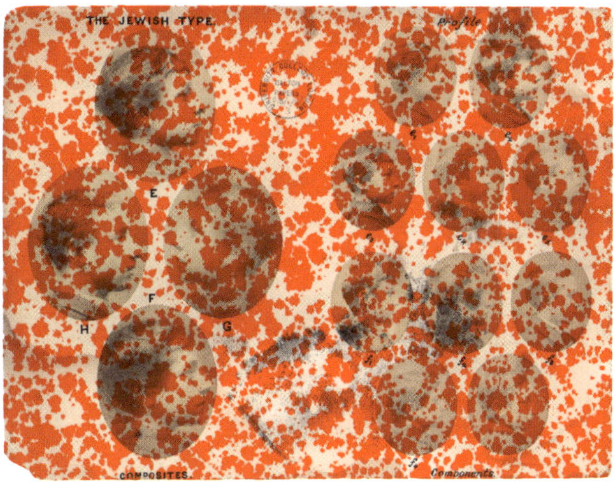

Amerikanische Studentinnen, um 1885
Henry Pickering Bowditch (1840–1911)
Composite-Fotografie
Hermann Krone-Sammlung, Institut für angewandte Photophysik, Technische Universität Dresden

Der Bostoner Mediziner Henry Pickering Bowditch wandte die Composite-Fotografie auf Berufsgruppen wie Ärzte, Pferdebahn-Kutscher und Student*innen an, um einen Durchschnittstypus zu generieren. Großes Interesse weckte seine Sammlung bei der Berliner Gesellschaft für Anthropologie, Ethnologie und Urgeschichte. Hier regte der Mediziner Rudolf Virchow Bilder „gewisser Bevölkerungen" und deutscher Soldaten an. SW

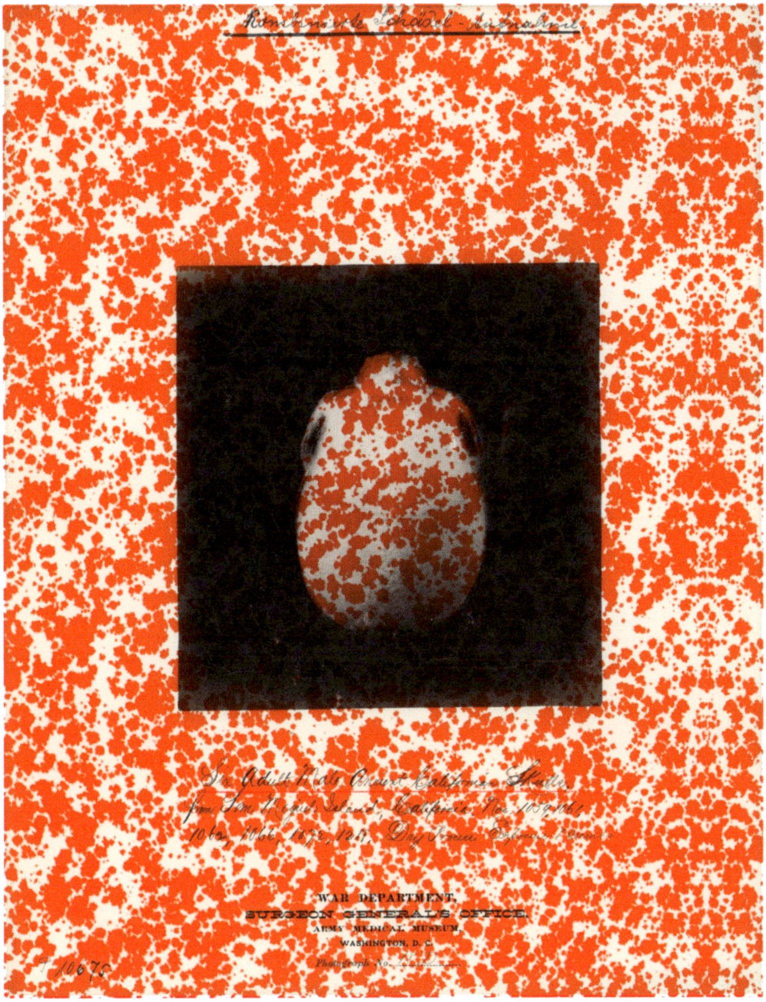

Fotokarte mit kombiniertem Schädel-Fotogramm, 1884
John Shaw Billings (1838–1913)
Composite-Fotografie
Sammlung und Archiv der Berliner Gesellschaft für Anthropologie, Ethnologie und Urgeschichte

Die *Zeitschrift für Ethnologie* diskutierte 1880 die Potenziale der Composite-Fotografie für die Anthropologie. Dabei ging es um mögliche „Durchschnittsportraits verschiedener Rassen". An Schädeln erprobte die Technik John Shaw Billings, Chirurg und Bibliothekar im US-amerikanischen Sanitätsdienst, der auch das Amt für Statistik beriet. Die Fototafel stammt aus dem Army Medical Museum in Washington. SW

Im deutschen Kolonialreich war es derart gängig, Schädel ermordeter Einheimischer zu sammeln, dass diese sogar als Motiv für Postkarten dienten. Neben der Tatsache, dass Tausende Schädel in deutsche Forschungszentren gebracht wurden, um die vermeintliche Überlegenheit der *Weißen* zu belegen, verwendeten sie manche zurückgekehrte Soldaten auch als Wohnzimmerdekoration, weil sie sich in ihrer Anwesenheit wohl fühlten. LOS

Wo sehe
wir *Rass*

n?

2

Menschenrassen gibt es nicht. Äußere Unterschiede zwischen Menschen zu sehen ist etwas anderes, als darin Rassendifferenzen erkennen zu wollen. Diese Unterschiede zu übersetzen und als Andersartigkeit, Fremdheit und Nichtzugehörigkeit zu deuten, wird erlernt. Jedes Wissen über *Rassen* ist also ein vermitteltes Wissen. Da die Idee der *Rasse* darin besteht, Eigenschaften, Qualitäten und Wertigkeit an körperliche Merkmale zu knüpfen, spielte in den letzten 250 Jahren die entsprechende Darstellung körperlicher Unterschiede bei der Erzeugung, Verbreitung und Tradierung des angeblichen Wissens über *Rassen* eine zentrale Rolle. Von den Kuriositätenkabinetten und anthropologischen Sammlungen des 18. Jahrhunderts über die Völkerschauen und ethnografischen Museen des 19. Jahrhunderts bis zu den medial vermittelten populären Stereotypen des 20. Jahrhunderts hat sich die Idee der *Rassen* vor allem in Form von Körperbildern manifestiert. Damit einher ging der Versuch, Typisierung, Klassifizierung und Hierarchisierung immer aufs Neue sinnlich wahrnehmbar zu machen, um plausibel zu sein. Bilder, Skulpturen und statistische Grafiken sollten belegen, dass es sich bei Rassenunterschieden um natürliche Differenzen handle, die man sehen, messen und zählen könne.

Die Verbreitung rassistischer Theorien profitierte dabei maßgeblich von den modernen Medien der Wissenspopularisierung. Im 19. und frühen 20. Jahrhunderts zeigten vor allem Ausstellungen die Idee menschlicher *Rassen*. Sie schufen mit Objekten, Bildern und Statistiken eine eigene Wirklichkeit, mit der sie überzeugen wollten.
Im Nationalsozialismus wurde nicht zuletzt in Dresden die Idee der *Rasse* ausgestellt und so Propaganda für die Rassenpolitik gemacht. Nach dieser wurde nur „gesunden und starken Menschen" ein Lebensrecht zugesprochen. Schwache, Kranke oder nicht „der deutschen Art" entsprechende Menschen galten als störend bis gefährlich. Das Deutsche Hygiene-Museum erreichte mit Ausstellungen zur „Volksgesundheit" Fachleute und eine große Öffentlichkeit. Eine Ausstellung im Rathaus diffamierte bereits 1933 Künstler*innen der Moderne als „entartet". Die „Deutsche Kolonialausstellung" in Dresden bot 1939 eine technische und wirtschaftliche Leistungsschau, die den Anspruch der Deutschen auf Kolonialbesitz und Landnahme jenseits der eigenen Grenzen begründen sollte.

CG

2.1 Das Deutsche Hygiene-Museum

Das Deutsche Hygiene-Museum in Dresden sah sich seit seiner Gründung 1912 als Institution der populären Gesundheitsaufklärung. In enger Zusammenarbeit mit Wissenschaftler*innen entstanden Ausstellungen und Lehrmaterialien für die breite Bevölkerung. Bereits die „I. Internationale Hygiene-Ausstellung" in Dresden hatte sich 1911 der „Rassenhygiene" gewidmet. Die Botschaft war klar: Fortpflanzung und Vererbung ließen sich steuern. Die gezielte Partnerwahl galt folglich als Beitrag zur Gesundheit des „Volkes". Damit war ein Appell an jede/n Einzelne*n, aber auch an den Staat verbunden.

Nach der nationalsozialistischen Machtübernahme behielt das Deutsche Hygiene-Museum deshalb seine Ausrichtung weitgehend bei. Es profitierte vom Interesse des NS-Staates an einer Erbgesundheitspolitik und etablierte sich als rassenpolitisches Propagandainstitut. Mit groß angelegten Reichsausstellungen sowie Wanderausstellungen trug das Museum zur Legitimation von Zwangssterilisierung und Tötung behinderter Menschen bei. Moderne Grafiken, montiert aus Bildern und Statistik, stützten die antisemitische Hetze und beförderten so den Ausschluss von Jüd*innen aus dem „Volkskörper". VS

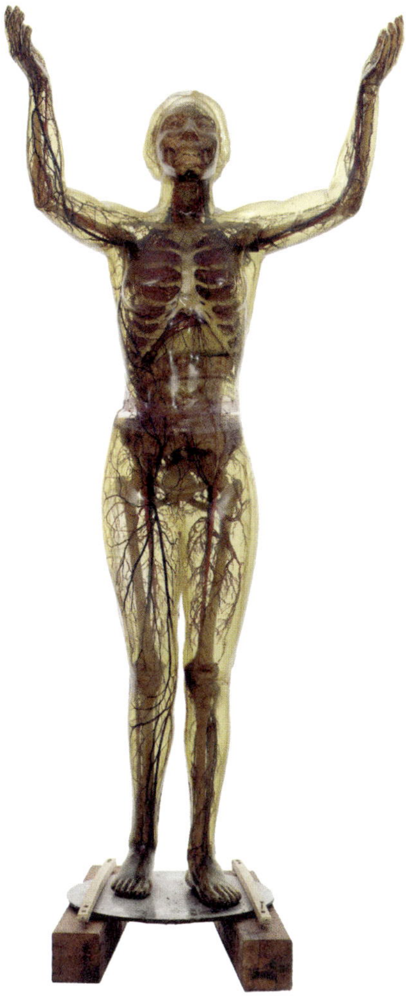

← „Gläserne Frau“, anatomisches Modell, 1936

Werkstätten des Deutschen Hygiene-Museums

Deutsches Historisches Museum, Berlin

Das erste durchsichtige Menschenmodell des Deutschen Hygiene-Museums – ein Gläserner Mann – wurde in den späten 1920er-Jahren fertiggestellt. Schnell machte die neue Figur Karriere und wurde zum Emblem des Museums, das bis 1945 acht weitere Gläserne Menschen anfertigte. In den nationalsozialistischen Ausstellungen symbolisierten die Modelle den gesunden, leistungsfähigen Normkörper. Ein gesunder Lebensstil galt den Ausstellungsmachern nicht nur als wünschenswert, sondern als Pflicht gegenüber der gesamten Nation. Gesundheitsausstellungen mit einem Schwerpunkt auf Vererbung und Eugenik waren auch international populär. So tourte diese Gläserne Frau ab 1936 durch die USA. JR

→ Erstpräsentation des „Gläsernen Menschen“ im Deutschen Hygiene-Museum, 1930

Deutsches Hygiene-Museum, Dresden

Dieses damals hochmoderne Anschauungsmodell bildete bis 1945 den Höhepunkt der Ausstellung in Dresden. Erstmals konnten wesentliche Bestandteile des Körpers in originaler Lage und funktionellem Zusammenhang betrachtet werden – durch eine aus einem neuartigen Kunststoff gefertigte transparente Außenhaut und die elektrische Beleuchtung einzelner Organe im Innern. Gezielt inszenierte das Museum den Gläsernen Menschen als technisches Meisterwerk: In einem separaten Raum und mit einer aufwendigen Lichtregie sollte er das Publikum zum Staunen bringen. JR

↑ **OTTO DIX (1891–1969)**
Karton zum Wandbild „Der Neubau des Deutschen Hygiene-Museums“, 1930
Zeichnung mit Kohle,
Bleistift und farbigen Kreiden
Kunsthalle Hamburg

Der Maler und neue Rektor der Kunsthochschule, Richard Müller, entledigte sich 1933 eines Konkurrenten und entließ Otto Dix aus der Dresdner Professur. 1933 ließen NS-Funktionäre auch das 1930 von Dix geschaffene Wandgemälde in der Gaststätte des Deutschen Hygiene-Museums abschlagen. Das Fresko zeigte bedeutende Persönlichkeiten des Museums. Sich selbst hatte Dix als Arbeiter dargestellt, der einen Balken trägt. VS

↓ **Gipsabgüsse der zerstörten „Hygieia“ von Karl Albiker (1878–1961): Kopf, Ober- und Unterkörper, 1952–1957**
Staatliche Kunstsammlungen Dresden / Skulpturensammlung Abgußabteilung; Werkstätten des Deutschen Hygiene-Museums
Deutsches Hygiene-Museum, Dresden

1930 erhielt Karl Albiker den Auftrag, eine große weibliche Figur für das Deutsche Hygiene-Museum zu schaffen. Diese „Hygieia“, die Göttin der Gesundheit, stand bald im prominenten Innenhof. 1933 gerieten Albiker selbst und seine Skulptur in die nationalsozialistische Kritik. Die „Hygieia“ wurde diffamiert als „schrecklich ungesundes Frauenzimmer“ mit „feierlichem Herrnschnitt“ der Moderne, der ihrer unwürdig sei. SW

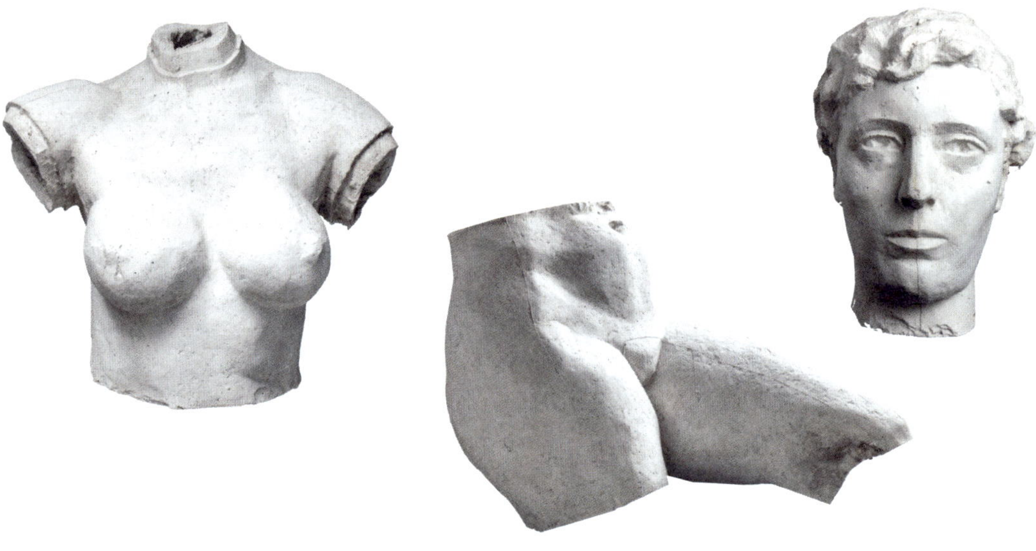

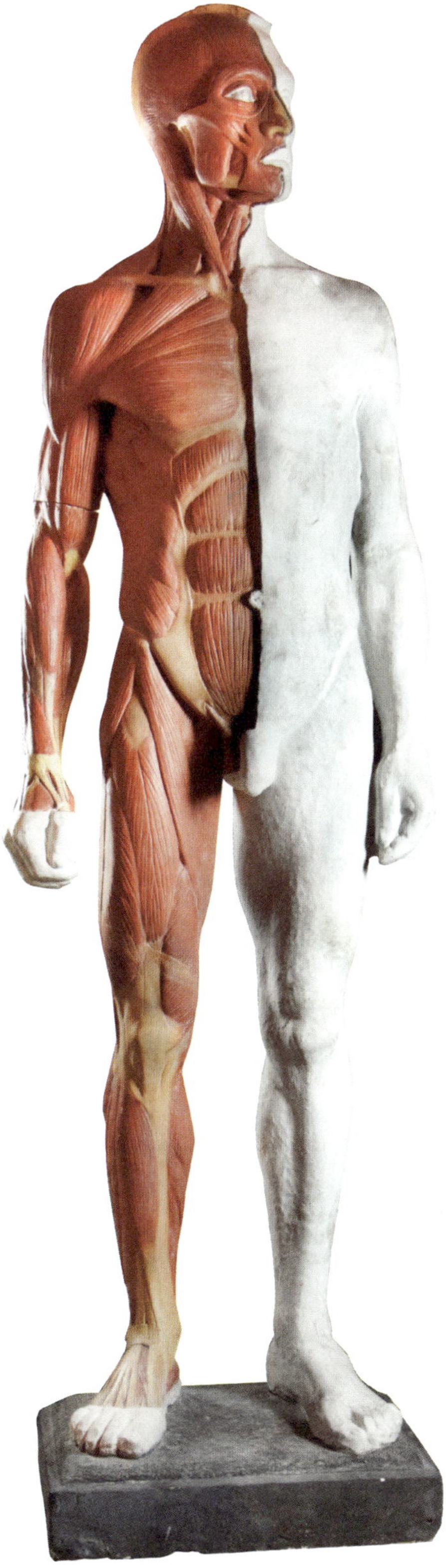

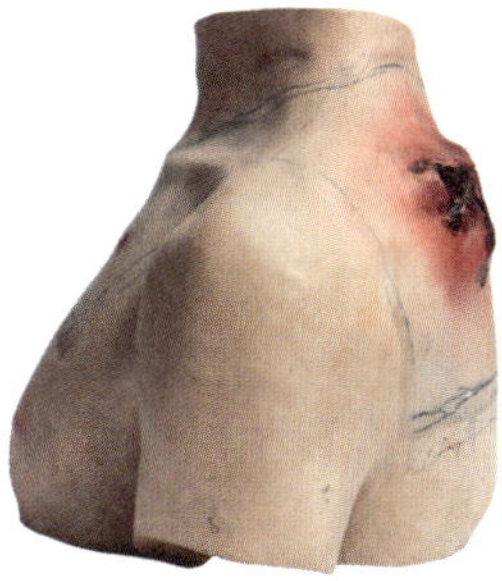

↑ **Ein- und Ausschusswunde an der Schulter, 1961–1970**
Wundmarkierungsmoulage, Werkstätten des Deutschen Hygiene-Museums
Deutsches Hygiene-Museum, Dresden

Das Patent für „Wundmarkierungsmoulagen", bei denen es sich um grobe Nachbildungen von Kriegsverletzungen handelt, erhielt das Museum bereits 1941. Im Gegensatz zum Bild des gesunden, wehrhaften Körper zeigt sich hier dessen Verletzbarkeit. Die Modelle dienten der Sanitätsausbildung und wurden in den 1960er-Jahren für das Deutsche Rote Kreuz der DDR neu entwickelt. **SW**

← **„Muskelmann", um 1930**
Andreas Naumann, Gips, farbig gefasst
Anatomische Sammlung der Hochschule für Bildende Künste Dresden

Die Plastik steht in der Tradition der „écorchés". Mithilfe solcher Modelle konnten im anatomischen Zeichenunterricht an Kunstakademien die oberen Muskeln studiert werden. Die linke Körperhälfte hingegen zeigt die Oberfläche der Haut, die hier ursprünglich silbern gefasst war. Andreas Naumanns „Muskelmann" folgt einem zeitbedingten Gestaltideal männlicher Figuren, das auf Modellierungen des Leibes unter nationalsozialistischem Geist Bezug nimmt. Damit wurde ein Normbild manifestiert. Die Haltung der Plastik ist durchgestreckt und mit leicht erhobenem Kopf nach links gedreht, als ob sie zu einer imaginären „Tribüne" blicken würde. Die heroische Gespanntheit verweist auf Erziehung und Körperkult, auf einen gesunden männlichen (Volks-)Körper, wie er durch die NS-Rassenpolitik angestrebt wurde. Er diente als Maßstab für die ästhetische Beurteilung von Körpern und Kunstwerken. **SMB**

Gussform des Schädelmodells „dinarisch", 1933
Werkstätten des Deutschen Hygiene-Museums
Deutsches Hygiene-Museum, Dresden

Gleich nach der Machtübernahme der Nationalsozialisten entwickelte das Museum neue Lehrmittel, die der nationalsozialistischen Propaganda entsprachen. Formen wie diese nutzte die Gipsbildhauerwerkstatt, um Schädelabgüsse vermeintlicher europäischer Rassentypen anzufertigen. Insgesamt wurden sechs unterschiedliche Schädelabgüsse hergestellt. Sie sollten gemäß der populären Rassenkunde der 1920er- und 1930er-Jahre Unterschiede in der Kopfform verdeutlichen. Das Museum zeigte die Abgüsse ab 1935 im Rahmen der Wanderausstellung „Das Leben" in mehr als hundert deutschen und weiteren europäischen Städten. **JR**

Die Deutschen zwangen afrikanische Frauen, die Köpfe ihrer ermordeten Männer mit Glasscherben vom Fleisch zu befreien. Die Häupter ihrer Liebsten. Mit Glasscherben. Für die europäische Wissenschaft. Für die Museen. Für *eure* Wissenschaft, für *eure* Museen. Für *eure* Keller, in denen sie liegen. Bis heute. **MSM**

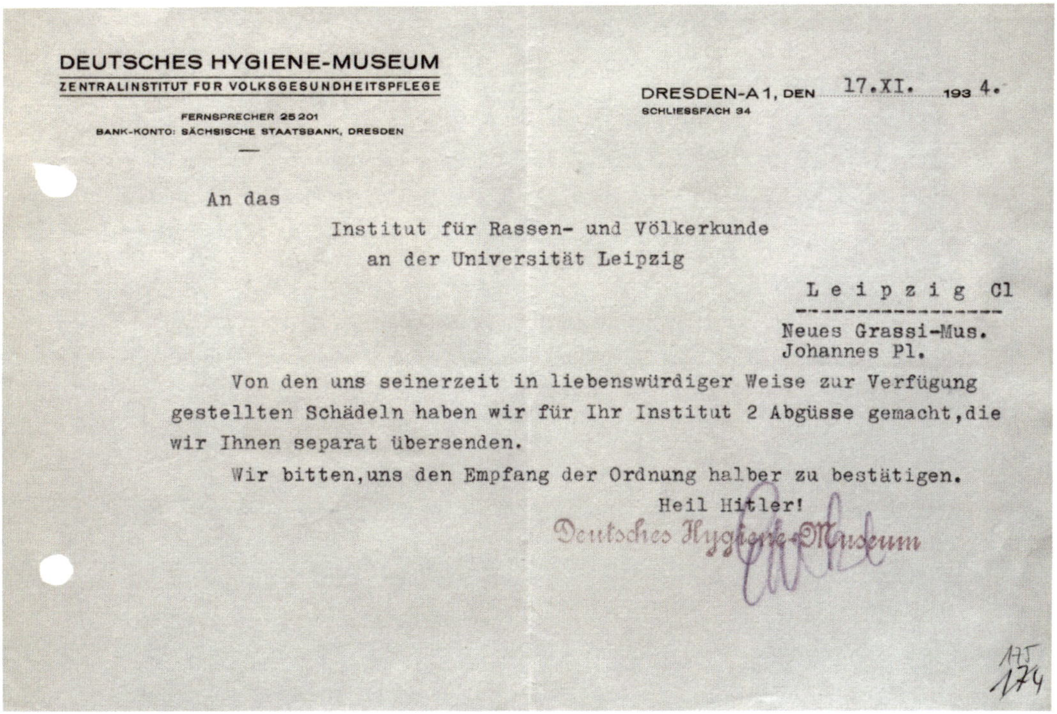

DEUTSCHES HYGIENE-MUSEUM
ZENTRALINSTITUT FÜR VOLKSGESUNDHEITSPFLEGE

FERNSPRECHER 25201
BANK-KONTO: SÄCHSISCHE STAATSBANK, DRESDEN

DRESDEN-A 1, DEN 17.XI. 1934.
SCHLIESSFACH 34

An das

Institut für Rassen- und Völkerkunde
an der Universität Leipzig

Leipzig C1

Neues Grassi-Mus.
Johannes Pl.

Von den uns seinerzeit in liebenswürdiger Weise zur Verfügung gestellten Schädeln haben wir für Ihr Institut 2 Abgüsse gemacht, die wir Ihnen separat übersenden.

Wir bitten, uns den Empfang der Ordnung halber zu bestätigen.

Heil Hitler!

Deutsches Hygiene-Museum

175
174

Mitteilung des Deutschen Hygiene-Museums über Schädelabgüsse, 17. November 1934
Akte Re IX, S. 175
Universitätsarchiv, Universität Leipzig

Einen als „dinarisch“ klassifizierten Schädel entlieh die Museumsabteilung „Erb- und Rassenpflege“ zum Abguss von Otto Reche, dem Leiter des Instituts für Rassen- und Völkerkunde an der Universität Leipzig. Dort war der Kopf als „Nr. 233, Russe, männlich“ inventarisiert. Der Briefwechsel zeigt den Umgang mit menschlichen Überresten als Verwaltungsakt. Die Klärung der Provenienz anhand der Akten im Universitätsarchiv Leipzig steht bis heute aus. SW

Sterilisationsmethode nach Albert Döderlein (1860–1941), 1925–1935
Wachsmodell im Glaskasten, Werkstatt unbekannt
Deutsches Hygiene-Museum, Dresden

Das Anschauungsmodell eines weiblichen Unterleibs zeigt die Sterilisierungsmethode, die der Gynäkologe Döderlein 1926 entwickelt hatte. Dabei verknotet der Arzt die Eileiter und fixiert den Knoten mit einem Faden. Die Methode empfahl Döderlein in dem 1934 erschienenen regierungsamtlichen Kommentar zum „Gesetz zur Verhütung erbkranken Nachwuchses“. Das Objekt aus dem Anatomischen Wachskabinett der Schaustellerfamilie Hoppe wurde auf Volksfesten gezeigt. **JR**

Angesichts der Tatsache, dass *Weiße* global die absolute Minderheit bilden (10 %), ist es ihnen seit Jahrhunderten ein Anliegen, das Vermehrungspotenzial aller „Anderen“, insbesondere von Schwarzen, einzudämmen. Die Fruchtbarkeit der nicht*weißen* Frauen ist daher logischerweise zu einer Dauerbedrohung geworden und deren Unfruchtbarmachung (Sterilisierung) zu einer Praxis, die heute noch bedeutend ist. **LOS**

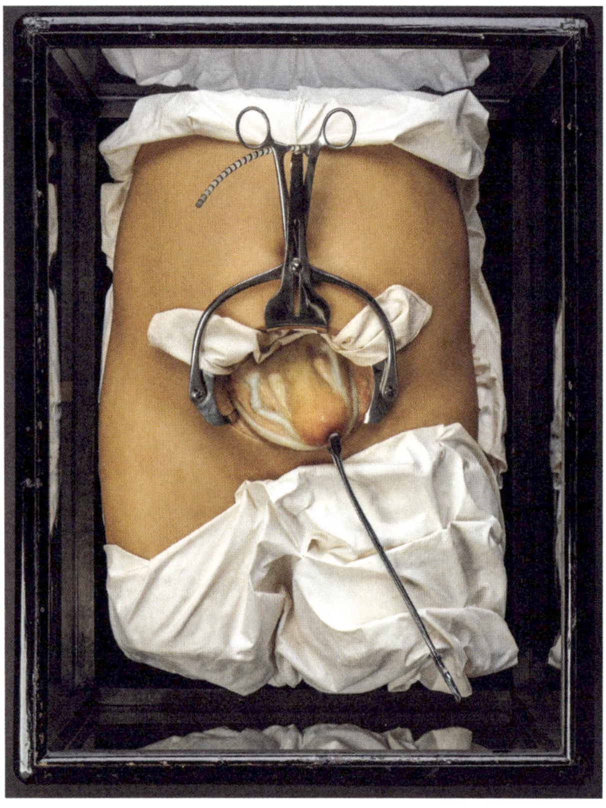

Schaukasten aus einem Panoptikum, um 1930
Wachsköpfe, fälisch-ostbaltisch
Münchner Stadtmuseum, Sammlung Puppentheater/Schaustellerei

Den Schaukasten mit Modellen von ostbaltischen und fälischen „Rassentypen“ führte ein Panoptikum am Bodensee vor. Dort wurden drei der Köpfe in der Abteilung „Rassenkunde“ gezeigt. Dagegen sollten die Lehrmittel des Deutschen Hygiene-Museums sich von volkstümlichen Darstellungen und kommerziellen Shows durch einen wissenschaftlichen Duktus abheben. Bilder von *Rassen* erhielten dadurch umso mehr Gewicht. SW

Tafel zur Wanderausstellung „Blut und Rasse", 1936
Werkstätten des Deutschen Hygiene-Museums
Deutsches Hygiene-Museum, Dresden

Die Bildmontage aus dem Deutschen Hygiene-Museum sollte die Dominanz von Jüd*innen im Kultur- und Geistesleben belegen. Willkürlich ausgewählte Statistiken suggerieren eine „jüdische Übermacht". Darüber sind zehn Porträts prominenter Personen montiert, die 1936 bereits vor der nationalsozialistischen Verfolgung ins Exil geflüchtet waren. Das Fotomaterial hatte das Museum von Bildagenturen erhalten. VS

Die Zuschreibung „Jude" durch den nationalsozialistischen Staat war ein pseudowissenschafliches Kontrukt, das auf der Vorstellung der Existenz einer „jüdischen Rasse" fußte und mit der Realität nichts zu tun hat. Objektiv lässt sich letztlich gar nicht festlegen, wer jüdisch ist, da Fragen nach Religion, Glauben oder der eigenen Identität immer nur subjektiv und individuell beantwortet werden können. So ist die Gruppe „der Juden", wie sie auf der Ausstellungstafel erscheint, ein reines Fantasieprodukt. Die Ausgrenzungspolitik der Nazis betraf deshalb vielfach auch Menschen, die keinerlei Bezug zum Judentum hatten und die keine jüdische Identität für sich in Anspruch nahmen. Sie wurden von den Nationalsozialisten zu „Juden" gemacht. HAT

Lehrtafeln aus der „Unterrichtssammlung über Vererbung, Rassenpflege, Rassenkunde“, ab 1933
Werkstätten des Deutschen Hygiene-Museums
Medizinhistorische Sammlung des Instituts für Ethik und Geschichte der Medizin der Universität Greifswald

Die Wandtafeln aus der Lehrmittelproduktion des Deutschen Hygiene-Museums nehmen eine Ordnung des führenden NS-Rassentheoretikers Hans F. K. Günther auf. Dieser hatte behauptet, dass sich das deutsche Volk in sechs *Rassen* unterteilen ließe. Jede verfügte angeblich über bestimmte „leibliche und seelische Züge“. Die „nordische“ *Rasse* war in Günthers Augen am höchsten entwickelt und gleichzeitig in ihrer Existenz am stärksten bedroht. Während der „nordische Mensch“ einerseits einen Teil des deutschen Volkes darstellen sollte, bildete er andererseits eine von drei „Rassengruppen der Erde“. Hier repräsentierte er den Europäer. Im nationalsozialistischen Denken verkörperte die „nordische“ *Rasse* die generell überlegene Gruppe, welche die Welt beherrschen sollte. Die Idee der auf *Rasse* begründeten Vorrangstellung nutzte das Regime, um koloniale Vernichtungskriege in Afrika und in Osteuropa zu rechtfertigen. **VS**

Bildung war und ist nicht neutral – das ist heute nicht anders als während der deutschen Beteiligung an kolonialer Ausbeutung und Unterdrückung oder zur Zeit des Nationalsozialismus. Schulische Bildung zum Beispiel erfüllt eine gesellschaftliche Funktion, nämlich die der Rechtfertigung von und Anpassung an herrschende Machtsysteme. Das gilt auch für jene Machtstrukturen, auf denen Rassismus aufbaut. Entsprechend sind unter anderem im Nationalsozialismus Lehr- und Lernmaterialien zur Verbreitung rassistischer Wissensbestände entwickelt und verwendet worden. Ihre Weltbilder und Deutungsmuster finden sich noch immer, wenngleich in veränderter Form, in Unterrichtsmaterialien. Die 2015 von der Bundesregierung veröffentlichte *Schulbuchstudie Migration und Integration* etwa zeigt auf, dass Lehr- und Lernwerke auch gegenwärtig rassistische Inhalte verbreiten. **JA**

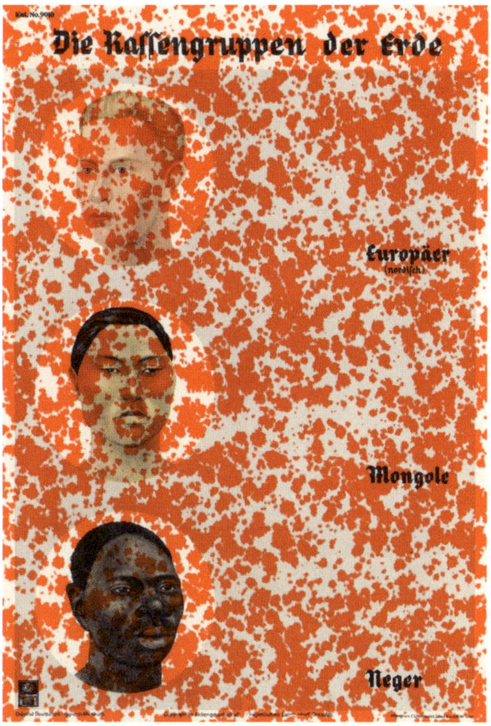

↓ **Angebotsblatt zur „Unterrichtssammlung über Vererbung, Rassenpflege, Rassenkunde", um 1934**
Werkstätten Deutsches Hygiene-Museum
Deutsches Hygiene-Museum, Dresden

Das Deutsche Hygiene-Museum war in den 1930er-Jahren mehr als ein traditionelles Museum. Als populärwissenschaftliche Institution der Gesundheitsaufklärung unterhielt es eigene Lehrmittelbetriebe samt Verlag. Der Prospekt listet Bildtafeln auf, die insbesondere für den Unterricht in Volks- und Berufsschulen gedacht waren. Ab 1933 profitierte das Deutsche Hygiene-Museum von dem gestiegenen Bedarf an Lehrmitteln zur „Rassenhygiene". VS

→ **Tafeln zur Wanderausstellung „Blut und Rasse", 1936**
Werkstätten des Deutschen Hygiene-Museums

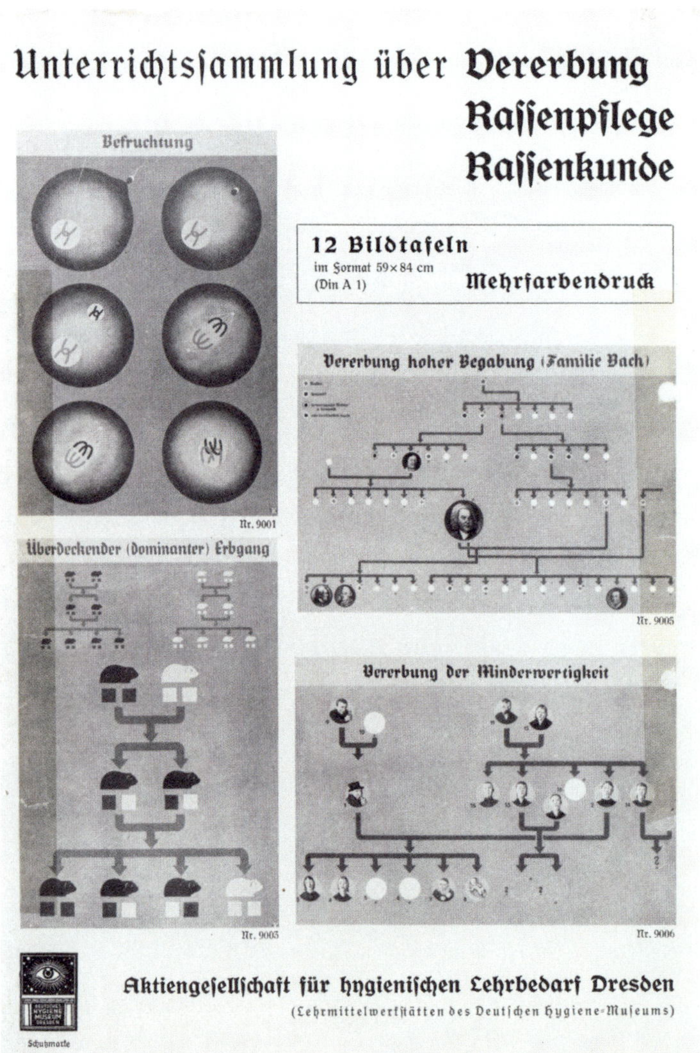

→ **Aufnahme eines dreijährigen Jungen**
Abbildung aus der Berliner NS-Ausstellung „Erbkrank", 1934
Bundesarchiv Berlin

Die Ausstellungstafeln verbinden grafische Elemente mit Personenfotos zu einer Statistik. Dafür nutzte das Deutsche Hygiene-Museum wiederholt Aufnahmen von behinderten Kindern aus „Pflegeanstalten". Dass die Kinder für die Fotos grob in Position gebracht wurden, zeigen die Tafeln nicht. Nur scheinbar auf Fakten gegründet, entstand so das Bild eines drohenden Niedergangs des „gesunden Volkes". Die Nationalsozialisten gestanden nur jenen Familien Kinder zu, die als „wertvoll" galten. Im Katalog „Blut und Rasse" beklagte die NS-Gauleitung die hohen Kosten für Behindertenheime und stellte damit das Lebensrecht der dort Untergebrachten infrage. Ab 1940 wurden „Heil- und Pflegeanstalten" zu Tötungsstätten umfunktioniert und Zehntausende behinderte Menschen in Gaskammern ermordet. Die während dieser „T4-Aktion" erprobte Tötungsmethode kam anschließend in den Vernichtungslagern zum Einsatz. VS

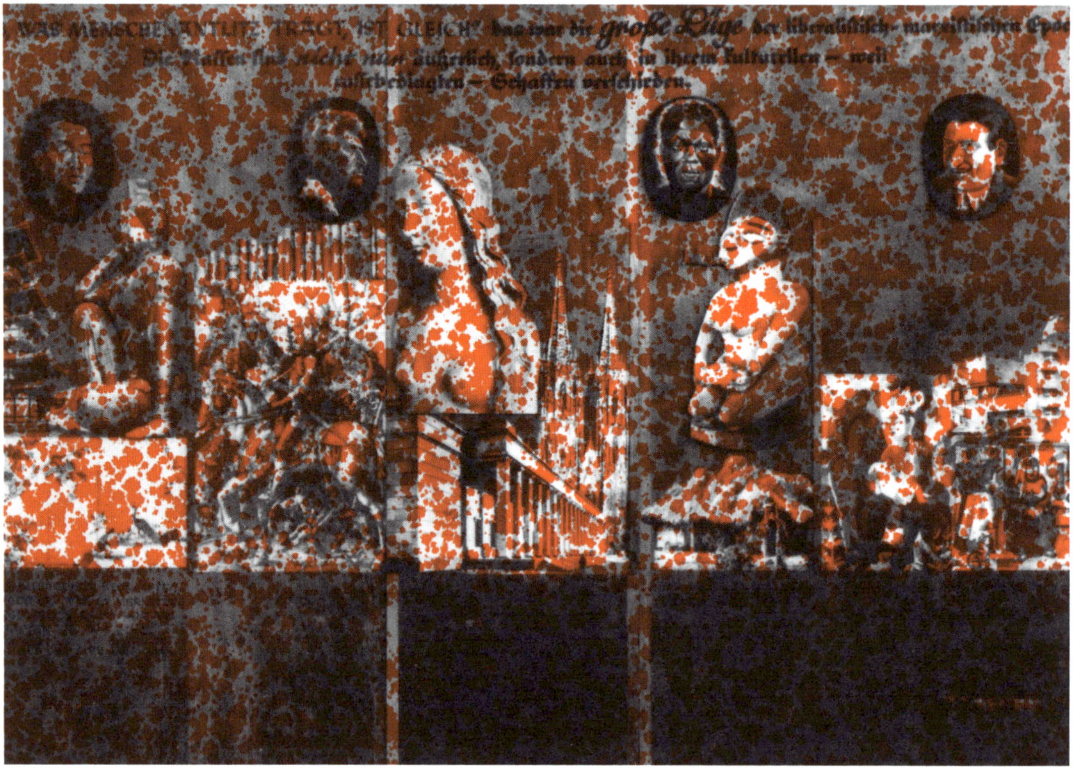

Tafel zur Wanderausstellung „Ewiges Volk“, 1937–1939

Deutsches Hygiene-Museum, Dresden

Die Wandtafel bedient sich des Bildes der vier „Großrassen“. Dabei wird das Judentum über den Kulturbegriff als eigene *Rasse* konstruiert. Mit Expressionismus und Bauhaus-Stil wird die europäische Moderne als „jüdische Kultur“ von „deutscher Kultur“ abgetrennt. Jene ist durch Renaissancekunstwerke repräsentiert, der 1880 vollendete Kölner Dom bildet die Brücke zwischen Mittelalter und Nationalstaatsgründung. Das ebenfalls zu sehende „Haus der Deutschen Kunst“ war im Juli 1937 in München eröffnet worden. Zeitgleich wurde die am rechten Bildrand reproduzierte Bronzeskulptur „Stehendes Mädchen“ von Otto Baum in der Ausstellung „Entartete Kunst“ präsentiert. Auch die Kontrastierung der beiden anderen *Rassen* konstruiert eine Ungleichwertigkeit: Das mit dem Deutschen Reich verbündete Japan wird als hochstehende asiatische Kultur gezeigt, dagegen soll „die“ Kultur Afrikas als primitiv erscheinen. VS

Geografische Herkunft, Aussehen und zugeordnete Kultur suggerieren bildhaft eine hieraus abzuleitende Ungleichheit der Menschen. Juden bilden eine Besonderheit. Ihr an keine Region gebundenes und damals als typisch angesehenes Konterfei stempelt sie als Vertreter des „Weltjudentums“ ab. Die zugeordneten Bilddokumente interpretieren Expressionismus und Bauhausstil als Beispiele für „jüdisch, entartet“ und jenseits jeglicher „Hochkultur“ stehend. SCHLOMO

Handpuppenköpfe, „In Klein-Kleckersdorf wird aufgeräumt“, 1935
Berlin, Iwowski-Puppenspiele
Museum für Sächsische Volkskunst mit Puppentheatersammlung, Staatliche Kunstsammlungen Dresden

Die Köpfe bilden soziale Charaktere ab und spiegeln Klischees. In dem antisemitischen Puppenspiel von 1935 wurde mit ihnen die politische Gleichschaltung und die Verfolgung der jüdischen Bevölkerung vorgeführt: Der jüdische Geschäftsmann Ephraim Cohn hält Bürgermeister und Ratsdiener unter Kontrolle. Kasperl verprügelt Cohn und wirft Bürgermeister und Schulmeister auf den Müllplatz. **VS**

Einzig der Jude wird nicht Geschäftsmann, sondern nur „Cohn“ genannt. Sein Puppenkopf: ein *Stürmer*-Klischee. Die Handlung: Gogols *Revisor*, missbraucht. Die Sprache: antisemitische Hetze aus dem Jahr 1935. Die Aussage: „Die Juden sind unser Unglück.“ **SCHLOMO**

Ephraim Cohn

Bürgermeister

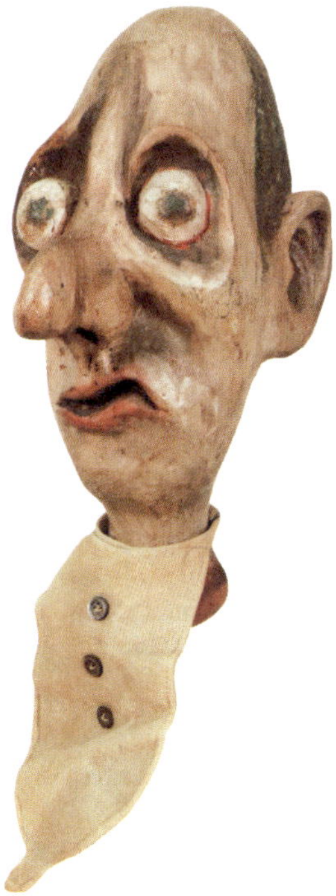

Ratsdiener Kilian

Schulmeister

Kasperl Larifari

→ **Abbildung aus der Ausstellungsbroschüre zur Reichsausstellung „Wunder des Lebens“, Berlin 1935**

Deutsches Hygiene-Museum, Dresden

Die Schau propagierte den leistungsfähigen Körper und eugenische Maßnahmen zur „Rassenhygiene“. Verantwortlich war der Mediziner und ehemalige Sozialdemokrat Bruno Gebhard, den das Deutsche Hygiene-Museum für die Ausstellung nach Berlin entsandt hatte. Der Katalog mit der Grafik des Bauhaus-Schülers Herbert Bayer zeigt, wie die NS-Herrschaft Design der Moderne für ihre Zwecke nutzte. Später galt sein Werk als „entartet“. Wie Gebhard emigrierte er in die USA. VS

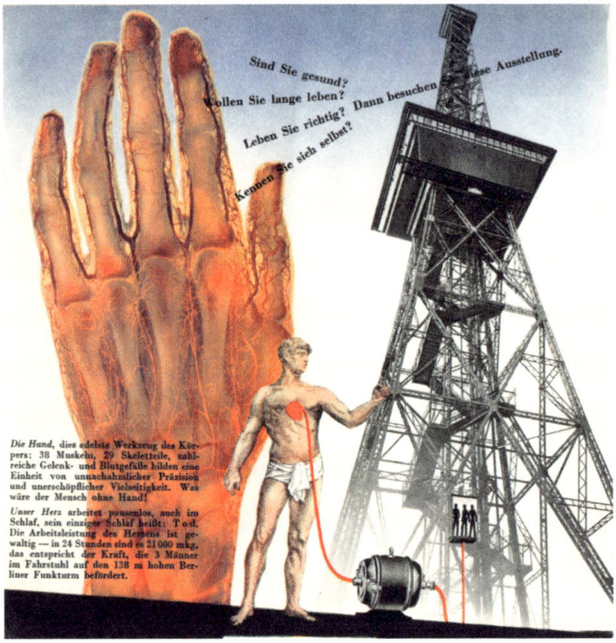

← **Schauapparat zur Mendelschen Spaltungsregel, um 1926**

Werkstätten des Deutschen Hygiene-Museums

Der interaktive Apparat erklärt eine der Mendelschen Regeln. Obwohl diese nur für bestimmte Merkmale gelten, wurde mit ihnen die Vererbung aller menschlichen Eigenschaften erklärt, darunter die Neigung zu Kriminalität und Alkoholismus. Das Deutsche Hygiene-Museum hatte den Apparat für die große Düsseldorfer Ausstellung „Gesundheit – Soziale Fürsorge – Leibesübungen“ (GESOLEI) 1926 hergestellt. VS

→ **Werbeblatt für die Wanderausstellung „Ewiges Volk", 1938**

Deutsches Hygiene-Museum, Dresden

← **Katalog zur Wanderausstellung „Blut und Rasse", 1935**

Deutsches Hygiene-Museum, Dresden

Die Kataloge der NS-Zeit zeichnet ihre propagandistische Bildsprache aus. Die Gestaltung spielt auf die Symbolik des Hakenkreuzes und des „Gläsernen Menschen" an. Während „Blut und Rasse" die ländliche Bevölkerung für die „Erb- und Rassenpflege" gewinnen sollte, tourte „Ewiges Volk" durch große Städte. Mit den Ausstellungen entsprach das Deutsche Hygiene-Museum der Ideologie des NS-Regimes und beförderte deren Akzeptanz. VS

2.2 Kämpfe um Erinnerung

Spät fing die Aufarbeitung der nationalsozialistischen Verbrechen in der deutschen Nachkriegsgeschichte an. Nach dem Nürnberger Prozess gegen die sogenannten „Hauptkriegsverbrecher" 1945/46 dominierte das Schweigen über die jüngste Vergangenheit. Mit dem Prozess gegen Adolf Eichmann in Jerusalem begannen 1961 vor allem jüdische Überlebende, über ihre Erfahrungen zu sprechen.
Neben der Verurteilung der Täter*innen forderten Betroffene Entschädigungszahlungen. In den 1980er-Jahren organisierten sich im Nationalsozialismus verfolgte Gruppen, um die fortwährende Diskriminierung in der Bundesrepublik zu kritisieren. Der Bürgerrechtsbewegung deutscher Sinti und Roma gelang es, die offizielle Anerkennung des Völkermords an ihren Vorfahren zu erwirken. Allerdings waren viele Verfolgte weiterhin gesellschaftlich stigmatisiert und sprachen nicht einmal in ihren Familien über das erlittene Unrecht.
Bis heute ringen Überlebende und ihre Nachfahren darum, gehört zu werden. Ihre Kämpfe richten sich auch gegen aktuelle rassistische Diskriminierung. Sie werden besonders an Auseinandersetzungen um Mahnmale und Gedenkstätten deutlich. Denn nach wie vor gibt es Leerstellen der Erinnerung. **FW**

EICHMANN-PROZESS

ABBA KOVNER (1918–1987), in der Führung des Untergrunds im Ghetto Wilna, Leiter einer Partisan*innengruppe; später berühmter Schriftsteller

27. SITZUNG, 4. MAI 1961

„Es war nicht so einfach die Widerstandsgruppe zu organisieren. Nicht weil es schwierig war, Waffen und Munition zu besorgen. [...] Aber wie sollte man diese einfache Sache erklären, dass wir alle ein gemeinsames Schicksal teilen? [...] Wie die Illusion zerstören, dass es kein Entkommen gibt, dass der Tod uns alle erwartet? [...] Hier, im Gerichtssaal, liegt die Frage in der Luft: ‚Warum haben die Menschen sich nicht erhoben?' [...] Und ich selbst, als kämpfender Jude, ich rebelliere und weise diese Frage zurück, falls sie Kritik enthält. Denen, die mir hier gegenübersitzen, und denen, die das Lied sangen: ‚Wenn's Judenblut vom Messer spritzt', ihnen schulde ich keine Antwort."

CHARLOTTE SALZBERGER (1923–1994), Deportation aus den Niederlanden in die Konzentrationslager Ravensbrück und Theresienstadt; später stellvertretende Bürgermeisterin von Jerusalem

42. SITZUNG, 16. MAI 1961

YAKOV BAR-OR (STAATSANWALTSCHAFT):
„Der Angeklagte sprach Sie mit ‚Sie' an und war höflich?"

SALZBERGER „Ja. Er drückte sein Bedauern über den Tod meiner Mutter aus. Aber die Vorladung selbst hatte eine weniger nette Bedeutung. Es wurde uns gesagt, dass wir das Privileg erhalten würden, das Ghetto Theresienstadt zu betreten. [...] Aber wenn wir über unsere Erfahrungen in Ravensbrück sprechen würden, dann, er benutzte den Ausdruck: ‚dann werden Sie durch den Schornstein gehen'."

ANNA OSWALD (*1924) ist gehörlos und wurde mit 16 Jahren aufgrund des NS-Gesetzes zur „Verhütung erbkranken Nachwuchses“ vom 14. Juli 1933 zwangssterilisiert.

„Unsere damaligen Nachbarn, ein jüdisches Ehepaar, waren nach Kriegsende wieder heimgekehrt. [...] Ich habe ihnen von meiner Unfruchtbarmachung erzählt und sie fanden es unverständlich, dass ich keine Entschädigungsleistungen vom Staat erhielt. Sie setzten sich für mich ein und schrieben Briefe an die Behörden. Doch die Anträge wurden abgelehnt. Ich musste mich damit abfinden.“

HEINZ F. (*1905–1999) war aufgrund seiner Homosexualität mehr als acht Jahre in Konzentrationslagern inhaftiert.

KLAUS MÜLLER (INTERVIEWER):
„Heute ist es ganz schwer vorzustellen, dass Sie diese schrecklichen Jahre überlebt haben und zurückkamen und ...“

HEINZ F. „... mit keinem drüber sprechen konnten? Ja. Hab nie, nie mit jemandem drüber gesprochen.“

MÜLLER „Hätten Sie gerne mit jemandem darüber gesprochen?“

HEINZ F. „Vielleicht. Vielleicht mit meinem Vater ...“

MÜLLER „Haben Sie später mit anderen darüber sprechen können?“

HEINZ F. „Nie. Es wollte auch keiner hören. Wenn man bloß irgendein Stichwort sagte ... kam: ‚Ach, lass mich mit dem Kram zufrieden. Es ist doch nun vorbei‘ ... damit ist es erledigt ...“

HUNGERSTREIK IM KZ DACHAU, 1980 von deutschen Sinti und Roma. Anlass ist die Forderung nach Entschädigung wegen des rassistischen Wirkens des Bayerischen Landeskriminalamtes nach 1945.

„Wir als ehemalige KZ-Häftlinge, die hier an dieser traurigen Stätte erscheinen müssen, unser Zweck dieser Sache soll sein: Wir machen hier einen unbefristeten Hungerstreik und der Hungerstreik soll zum Ausdruck bringen, dass es einmal unseren Kindern, auch unseren Enkeln, nicht so ergeht, wie es uns einmal ergangen ist."

BESETZUNG DES DENKMALS FÜR DIE IM NATIONALSOZIALISMUS ERMORDETEN SINTI UND ROMA EUROPAS, 2016 von Rom*nija, die von Abschiebung bedroht sind. Das Zitat stammt vom Rapper Selami Prizreni, der 1989 in Deutschland geboren und hier aufgewachsen ist. Am 16. Mai 2017, dem Roma Resistance Day, der an den Aufstand der Häftlinge des „Zigeunerlagers" im KZ Auschwitz erinnert, wurde er zum wiederholten Mal in den Kosovo abgeschoben.

„Die Welt ändert sich. Die Menschheit macht Fortschritte. Die Gesetze müssen auch Fortschritte machen. Die Gesetze, die jetzt herrschen, sind nicht die richtigen. Sie müssen angepasst werden zu der Menschheit. Wie wir uns ändern, so müssen sich auch die Gesetze ändern. [...] Wir haben das Recht, überall zu bleiben. Wir sind die Kinder dieser Welt."

2.3 „Entartete Kunst“– die diffamierte Moderne

Mit zwei großen Ausstellungen präsentierten die Nationalsozialisten 1937 in München ihr Kunstverständnis und ihr Menschenbild: Im „Haus der Deutschen Kunst“ führten sie ihr ästhetisches Ideal in Anlehnung an eine apollinische Klassik vor. Werke der avantgardistischen Moderne dagegen boten sie im Hofgarten diffamierend als „entartete Kunst“ dar. Dieser Titel war erstmals 1933 in Dresden für eine sogenannte Schandausstellung verwendet worden. Er übertrug Rassentheorien der Biologie und Medizin auf konfiszierte Werke von Expressionismus bis Abstraktion. Sie galten als geistig und formal deformiert, als von „dionysischen Primitiven“ geschaffen – eine Kategorie, die Kommunismus und Judentum einschließen sollte.

„Volksgenosse, bilde dir selbst dein Urteil“, hieß das Motto. Doch die Art der Präsentation lenkte die Meinungsbildung: Die Kunst der Moderne wurde durch eine entwürdigende Gestaltung der Ausstellung als „krank“ und „verfallen“ gebrandmarkt, während die angeblich gesunde deutsche Kunst des Nationalsozialismus stark, blond, heldenhaft und unversehrt erschien. Die Kategorisierung der Avantgarde-Künstler*innen als „entartet“ haftet ihnen – trotz vielfältiger Revision des Begriffs – bis heute an. **SMB**

EMIL NOLDE (1867–1956)
„Stillleben mit Holzfigur", 1911
Öl auf Leinwand
Museum Folkwang, Essen

Emil Nolde beschäftigte sich früh mit außereuropäischer Kunst, die er in Völkerkundemuseen studierte. Sie regte ihn zu eigenen Arbeiten, zum Sammeln von als exotisch betrachteten Kunstgegenständen und zu einem Buch über „Naturvölker" an. Sein Gemälde „Stillleben mit Holzfigur" wurde 1937 als „entartet" klassifiziert. Es verdeutlicht Noldes Begeisterung, gleichzeitig ist es ambivalent in Bezug auf seine Geisteshaltung: Besonders als afrikanisch verstandenen Kulturen sprach er Zivilisation ab und reduzierte sie auf Roh- und Wildheit. Als Antisemit hing er dem Nationalsozialismus an, denunzierte andere und kämpfte gegen eine „Überfremdung der Kunst" – und zugleich gegen die Verfemung eigener Werke. Mehr als 1.000 seiner Bilder galten als „entartet". Durch diese Diffamierung seiner Kunst und geschicktes Vertuschen gelang es ihm, seine aktive Rolle in der NS-Zeit lange vergessen zu machen. **SMB**

Exotismus bezeichnet eine bestimmte Form des eurozentrischen Blicks, der mit rassistischen Ideologien und Sehnsüchten verbunden ist. Diese im Kolonialismus gängige Betrachtungsweise blendete die Unterdrückung und Ungleichbehandlung von Schwarzen Menschen aus, die zu Fremden gemacht wurden. Darüber hinaus wurde mit der Verbildlichung ihrer vermeintlichen Naturverbundenheit die Vorstellung afrikanischer Unterlegenheit und damit einhergehend europäischer Überlegenheit attestiert. Gleichzeitig sollte die Exotisierung des vermeintlich Fremden das Eigene konstruieren und den europäischen „Erziehungsauftrag" begründen, da Europäer*innen sich der „Kultur" näher glaubten und sich dadurch als zivilisiert imaginierten. **NAK**

↑ **Inventarkarte**
Zu Otto Dix, „Die Kriegskrüppel“, 1919, mit Stempel „Entartete Kunst“ auf der Rückseite
Städtische Galerie Dresden – Kunstsammlung, Museen der Stadt Dresden

Die nationalsozialistische Propaganda lancierte den Begriff „entartete Kunst“ über die gleichnamigen Wanderausstellungen in die Öffentlichkeit. Die Archive musealer Sammlungen nutzten ihn zur Klassifizierung. 1937 wurden viele Kunstwerke unter diesem Schlagwort konfisziert – zurück blieben in den Museen nur die Inventarkarten. Häufig sind sie bis heute das einzige Zeugnis von der Existenz eines Bildes. Dort, wo sonst Titel, Künstler oder Gattung stehen, findet sich der kategorisierende Stempel „Entartete Kunst“. So widerfuhr es auch Otto Dix' Gemälde „Die Kriegskrüppel“: Der 1933 neu berufene Rektor der Dresdner Kunsthochschule, der Maler Richard Müller, diffamierte Künstler*innen und ihre Werke. Dix wurde aus der Hochschule entlassen, sein Bild in der Ausstellung „Entartete Kunst“ 1933 in Dresden und in einem Zeitungsartikel Müllers geschmäht. Das Gemälde ist bis heute verschollen. Geblieben ist die Karte.
SMB

→ **ERNST LUDWIG KIRCHNER (1880–1938)**
„Bildnis Oskar Schlemmer“, 1914
Öl auf Leinwand
Hessisches Landesmuseum Darmstadt

In seinem Porträt verbindet Ernst Ludwig Kirchner die Ähnlichkeit des Dargestellten mit visionärer Verdichtung: Durch expressionistische Formen erreicht er ein geistiges Abbild, indem er kubistische Elemente und Farbspannungen einsetzt. Damit scheint er hellsichtig Oskar Schlemmers visionäre Konzeptionen erkannt zu haben. Dieser widmete sich später, ab 1920, in zunehmender Abstraktion intensiv dem Verhältnis zwischen Mensch und Kosmos, Mensch und Raum. Dabei reduzierte er die naturgegebene Ansicht auf das stereometrische Typuszeichen „Mensch“, das mitunter den figuralen Mittelpunkt geometrischer Ordnungen bilden konnte. Das so geschaffene idealistische Konstrukt in seiner Ganzheitlichkeit stellt einen Gegenentwurf zur Betonung des Biologischen, Organischen und der Kategorisierung in *Rassen* dar, wie sie von den Nationalsozialisten propagiert wurden. **SMB**

Ernst Ludwig Kirchner sah sich selbst und andere männliche Künstler in seinem Umfeld als ‚Männer‘ und nicht als ‚*weiße* Männer‘ und damit automatisch als Menschen. Dies zeugt von einer sogenannten Farbenblindheit in Bezug auf Hautfarbe und „*Rasse*“, was jedoch nicht weniger rassistisch ist. Denn indem *Weiß* nicht als gesellschaftliche Norm benannt wird, werden die eigenen gesellschaftlichen Privilegien ausgeblendet und Rassismus als gesellschaftliche Realität geleugnet. Frauen im Allgemeinen und Schwarzen Frauen im Speziellen waren maximal Kirchners „Musen“. Sie wurden sexualisiert und exotisiert und damit in der (Kunst-)Welt den Männer untergeordnet. **NAK**

Ausstellungsführer „Entartete Kunst", 1937

Verlag für Kultur- und Wirtschaftswerbung, Berlin

Auf dem Ausstellungsführer von 1937 prangt zentral die Monumentalskulptur „Großer Kopf" von Otto Freundlich. Sie wurde um 1912 als „geistiger Neubeginn" vor dem Ersten Weltkrieg geschaffen, 1937 in Hamburg beschlagnahmt und anschließend in der Münchner Ausstellung „Entartete Kunst" diffamiert. Diese benannte sie in „Der neue Mensch" um und zeigte sie auf dem Cover, verzerrt durch die Betonung von Nase und Lippen. Da das Original während der folgenden Ausstellungstournee verloren ging, wurde eine Replik breiter ausformuliert, um ein vermeintlich „afrikanisches Aussehen" wiederzugeben. Freundlich galt den Nationalsozialisten als Prototyp ihrer Feindbilder: Jude, Kommunist, moderner Künstler. Sie deportierten und ermordeten ihn 1943. Der Katalog wirkte fort, denn Freundlichs vielfältiges Œuvre wird bis in die jüngste Zeit auf diese eine Skulptur und den Propagandatitel „Der neue Mensch" reduziert.
SMB

← **RUDOLF BELLING (1886–1972)**
Weiblicher Kopf, 1925
Messinghohlguss
Badisches Landesmuseum, Karlsruhe

Der Messingkopf huldigt in eleganter Stilisierung Rudolf Bellings Ehefrau, der Tänzerin Toni Freeden. Die Verbindung von Art déco und Neuer Sachlichkeit ist unverkennbar. Das Oval bildet in Gesichts- und Augenschnitt die Leitform. Mund und Wangen fügen sich in diese Symmetrie. Das Maskenhafte wird durch scharfkantige Augenbrauen und freigestellte Augenhöhlen gesteigert; eine Verlebendigung erfährt das Gesicht durch die raffiniert geschwungene Haarsträhne. Die Skulptur wurde 1937 in der Münchner Ausstellung „Entartete Kunst" gezeigt, diffamiert in schlecht beleuchteten Räumen und durch verunglimpfende Wandbeschriftungen. Weil jedoch Bellings Porträt „Der Boxer" parallel und nur wenige Meter entfernt in der ersten „Großen Deutschen Kunstausstellung" zu sehen war, wurde der Messingkopf aus der Ausstellung entfernt. Am NS-Verdikt änderte sich dadurch nichts. **SMB**

→ **RUDOLF BELLING (1886–1972)**
„Der Boxer Max Schmeling", 1929
Bronze
Berlinische Galerie – Landesmuseum für Moderne Kunst, Fotografie und Architektur

Selbstbewusst hatte Rudolf Belling 1922 formuliert, dass er sich künstlerisch alles erlaube – ob es nun gegenständlich sei oder gegenstandslos. Dieses freiheitliche Denken symbolisieren die beiden etwa zeitgleich entstandenen Arbeiten des Messingkopfes und des Boxers. Die Nationalsozialisten hielten Ersteren für „schlechte", Letzteren für „gute" Kunst und zeigten sie entsprechend 1937 in den Münchner Ausstellungen „Entartete Kunst" beziehungsweise der dem eigenen Weltbild huldigenden Schau. „Der Boxer" porträtiert den sehr populären Max Schmeling, den Belling als Kniestück in Vorwärtsbewegung durch Schritt und Schlag mit der Rechten, in vollkommener Anspannung gestaltete. Das entsprach dem ästhetischen und inhaltlichen Ideal der nationalsozialistischen Kunstdoktrin. Die Eingemeindung der Bronze in den „völkischen" Kanon machte Belling in der Nachkriegszeit lange bei anderen Künstler*innen verdächtig. **SMB**

2.4 Die „Deutsche Kolonialausstellung“ in Dresden

Im Jahr 1939 fand in Dresden die „Deutsche Kolonialausstellung“ statt. An ihr lässt sich die Verflechtung von nationalsozialistischer Rassen- und Kolonialpolitik zeigen. Die Ausstellung propagierte eine Rückgewinnung der ehemals deutschen Kolonien in Afrika und der Südsee. Nach der Niederlage im Ersten Weltkrieg hatte Deutschland die kolonisierten Gebiete verlassen müssen.
Eine Ideologie, die sich auf eine angebliche Überlegenheit durch *Rasse* und Kultur berief, sollte es rechtfertigen, die Welt zu beherrschen und auszubeuten. Die Forderung nach Rückgabe einst besetzter Länder wird heute als Kolonialrevisionismus bezeichnet.
Die Ausstellung richtete die Stadt Dresden mit dem Reichskolonialbund aus. Forschung und Technik sächsischer Hochschulen, Unternehmen und Museen wurden so präsentiert, dass sie als koloniale Verdienste erschienen, die „unterentwickelte“ Völker unterstützten. Als „Volk ohne Raum“ hätten die Deutschen Anspruch auf Gebiete, Rohstoffe und Absatzmärkte außerhalb Europas. Nach dem Beginn des Zweiten Weltkriegs versuchte die NS-Politik, ihren Anspruch auf Expansion durch einen Vernichtungskrieg in Osteuropa einzulösen.
VS

← **Ausstellungsführer der „Deutschen Kolonialausstellung“, 1939**
NS-Verlag für den Gau Sachsen, Dresden

→ **Columbus-Großglobus, um 1936**
Maßstab 1:12.000.000, Columbus-Verlag Paul Oestergaard, Berlin
Kochel Schloss Aspenstein

Den Globus schenkte Adolf Hitler dem NS-Reichsjugendführer Baldur von Schirach. Das für Staats- und Wirtschaftsführer hergestellte Standardmodell repräsentierte die weltpolitischen Ansprüche des NS-Regimes. Es wurde auch auf der „Deutschen Kolonialausstellung“ in Dresden 1939 gezeigt. Hervorgehoben sind Kolonialgebiete, die Deutschland nach der Kriegsniederlage 1918 aufgeben musste und erneut beanspruchte. VS

↓ **Anthropologischer Idealtypus „Fulbe“, Kamerun, 1939**
Kurt Loose (1912–2011), Gips, bronziert, Abguss 1940
Naturhistorisches Museum Wien

Für die „Deutsche Kolonialausstellung“ in Dresden 1939 formten Künstler 14 idealtypische Figuren von Bevölkerungsgruppen der ehemaligen deutschen Kolonien. Sie sollten nach dem Stand der Rassenforschung bestimmte „Rassenmerkmale“ zeigen. Der Dresdner Kurt Loose schuf den Typus des westafrikanischen „Fulbe“. In Leipzig war Loose später für das Museum für Völkerkunde tätig. Ab 1953 fertigte der Bildhauer ethnografische Figurengruppen an. VS

↑ **Karakulschafe:**
Lamm, 1913 / Muttertier, 2011
Tierpräparate
Martin-Luther-Universität Halle-Wittenberg,
Zentralmagazin Naturwissenschaftlicher Sammlungen

Die ersten Karakulschafe aus einer Zucht der Universität Halle wurden 1907 in die Kolonie Deutsch-Südwestafrika [Namibia] eingeführt. Die dortige Veredelung der aus Usbekistan stammenden Rasse galt als Erfolg deutscher Kolonialtätigkeit. Die Pelze junger Lämmer erzielten hohe Preise. In den 1970er-Jahren zahlte die Bundesrepublik „Entwicklungsgelder", um die Stammherden in Namibia zu erhalten. VS

← **Anthropologischer Idealtypus „Nordischer Mann", Deutsches Reich, 1940**
Gips, bronziert
Naturhistorisches Museum Wien

Das Naturhistorische Museum Wien ließ 1940 im Auftrag seines Direktors Hans Kummerlöwe Abgüsse der Dresdner „Rassenfiguren" anfertigen. Die Wiener Kolonialausstellung zeigte die Figuren zusammen mit den Typen des „Nordischen Mannes" und der „Nordischen Frau", die dem nationalsozialistischen Menschen- und Körperbild entsprachen. Für eine Ausstellung in den 1990er-Jahren wurden die Gipsfiguren bronziert. VS

→ **15-Rupien-Goldmünze, 1916**
Tabora, Deutsch-Ostafrika [Tansania]
Montanhistorisches Dokumentationszentrum beim Deutschen Bergbau-Museum Bochum

Heinrich Schnee, Gouverneur der Kolonie Deutsch-Ostafrika [Tansania], ließ 1916 Goldmünzen prägen, um den Guerillakrieg gegen britische Truppen zu finanzieren. Die Münzfabrik leitete Friedrich Schumacher, der zuvor eine Goldmine ausgebeutet hatte. Eine solche Münze wurde auf der „Deutschen Kolonialausstellung“ gezeigt. Der Reichsadler symbolisiert die deutsche Herrschaft, der Elefant vor dem Kilimandscharo die unterworfene Kolonie. VS

← **Modell eines Ochsenwagens, 1939**
Kurt Tausch (1899–1969), Werkstätten des Deutschen Hygiene-Museums
Museum für Kommunikation Berlin

Das Modell eines Postwagens aus der ehemaligen Kolonie Deutsch-Südwestafrika [Namibia] entstand 1939 in den Werkstätten des Deutschen Hygiene-Museums. Filmaufnahmen zeigen, wie der Dresdner Bildhauer Kurt Tausch das Modell für die „Deutsche Kolonialausstellung" fertigt. In dieser repräsentierte es die Erschließung der Kolonien durch die Reichspost. Ende des 19. Jahrhunderts transportierten vor allem Ochsenwagen koloniales Frachtgut, ab 1902 auch Züge. Die technische Infrastruktur mit Post, Bahn und Telegrafie ermöglichte es den Kolonialherren, das Land zu beherrschen. Zugleich sahen sie darin einen Beweis für ihre Überlegenheit. Die Rassenordnung in der Siedlerkolonie Deutsch-Südwestafrika spiegelt sich in dem Modell: Zwei Schwarze Arbeiter treiben zu Fuß 16 Ochsen an, während zwei *weiße* Kolonialherren auf dem Kutschbock sitzen. Einer von ihnen trägt die Uniform der deutschen „Schutztruppen". **VS**

← **Pfeifchen, 1903**
Hersteller*in unbekannt
Talkschiefer, Deutsch-Südwestafrika [Namibia]
Technische Universität Bergakademie Freiberg

Während der deutschen Kolonialherrschaft gelangte das von Einheimischen gefertigte Pfeifchen aus dem Umfeld der Sinclair-Kupfermine an die Bergakademie Freiberg. Professor Friedrich Schumacher ordnete das aus Talkschiefer gefertigte Objekt dort unter den kolonialen Rohstoffen aus Deutsch-Südwestafrika ein. In der NS-Zeit warb er für die „Pflege des Kolonialgedankens", um außereuropäische mineralische Bodenschätze nutzen zu können. **VS**

Wer sind
Wer sind
die Ande

wir?

ren?

Der Holocaust stellte einen singulären Höhepunkt in der Geschichte rassistischer Gewalt dar; doch die europäische Expansion einschließlich ihrer bis heute nachwirkenden Folgen kann wohl als das langfristig bedeutungsvollste Wirkungsfeld rassistischen Denkens und Handelns betrachtet werden. Von der „Entdeckung" und „Eroberung" Amerikas über den kolonialen Herrschaftsanspruch auf die außereuropäische Welt überhaupt und den fast 400-jährigen Sklavenhandel bis zu den zähen und gewaltsamen Dekolonisierungsprozessen des 20. Jahrhunderts war vermutlich kaum ein anderer historischer Vorgang in vergleichbarem Maße von rassistischer Gewalt geprägt. Und auch unsere Gegenwart wird von vielen mit Recht als eine „postkoloniale" Konstellation bezeichnet, deren entscheidende Merkmale historisch vor allem als Konsequenzen des fast 500-jährigen Prozesses der europäischen Expansion betrachtet werden müssen: etwa die globale Bewegung von Geld, Gütern und Menschen.

Doch dabei geht es nicht nur um messbare Faktoren der Globalisierung, sondern darum, dass auch die Art und Weise, in der wir „uns" und „Andere", das „Eigene" und das „Fremde", Zugehörigkeit und Nichtzugehörigkeit denken, von diesem langen Prozess der kolonialen „Eroberung" bis heute geprägt ist. Wie wir andere „Kulturen“ wahrnehmen, ist uns über Generationen unter kolonialen und rassistischen Vorzeichen durch Lehrbücher und Ausstellungen, Romane und Bilder, Zeitungen, Fotografien und Filme beigebracht worden. Obwohl heute von Kolonialismus im engeren Sinne kaum mehr die Rede sein kann, ist die Langlebigkeit dieser Wahrnehmungsweisen unübersehbar. Es fällt uns ungemein schwer, Menschen „fremder Kulturen“ anders zu betrachten als im Horizont einer Bildungs- und populärkulturellen Tradition, die jahrhundertelang vom Kolonialrassismus geprägt wurde. Neben der Auseinandersetzung mit direkten Formen der rassistischen Ausgrenzung ist daher auch das Bemühen wichtig, diese historisch gewachsenen Wahrnehmungsmuster zu verlassen. Ein möglicher Weg dorthin ist die Beschäftigung mit der Frage, wie es zur kolonialen Weltaufteilung und zur entsprechenden rassistischen Weltwahrnehmung überhaupt kommen konnte und wie sie vermittelt und tradiert wurden. **CG**

3.1 „*Weiße* Überlegenheit“ und koloniale Gewalt

Koloniale Herrschaft beruhte auf der Unterwerfung der Kolonisierten durch Europäer*innen. Um Menschen vom afrikanischen Kontinent zu versklaven, sprachen ihnen europäische Händler das Recht auf Selbstbestimmung ab. Was die *Weißen* als „Zivilisierungsmission“ darstellten, war eine gewaltsame Herrschaftspraxis. Dazu gehörten die weit verbreitete Prügelstrafe, Zwangsarbeit und die Beschlagnahme von Besitz. Die Kolonialherren betrachteten sich als überlegene *weiße Rasse*, die wegen ihrer Unterzahl in ständiger Gefahr sei. Jeder Widerstand Einheimischer sollte brutal niedergeschlagen werden. Bei „Strafexpeditionen“ brannten Kolonialsoldaten Dörfer nieder und töteten zur Abschreckung gezielt Menschen. Insbesondere in Siedlerkolonien wie Deutsch-Südwestafrika [Namibia] wurden ganze Bevölkerungsgruppen vernichtet.
Die Kolonialverbrechen europäischer Staaten werden von der Justiz bislang kaum aufgearbeitet. Vertreter*innen der Herero und Nama kämpfen wegen des Völkermords in Deutsch-Südwestafrika vor einem US-Gericht für deutsche Entschädigungszahlungen. Infolge einer juristischen Klage zahlt Großbritannien Entschädigungen an Kenianer*innen, die während der Kolonialzeit misshandelt wurden. **VS**

Präparate für mikroskopische Untersuchungen, 1906/07

Aus Robert Kochs (1843–1910) Forschungen zur Schlafkrankheit in den deutschen und britischen Kolonien in Ostafrika

Robert-Koch-Institut, Berlin

Die Schlafkrankheit galt um 1900 als attraktives Forschungsobjekt. Denn gegen sie war noch kein Heilmittel bekannt, aber aus Sicht europäischer Kolonialregierungen dringend notwendig, um einem Verlust an Arbeitskräften vorzubeugen. Die Forschung dazu versprach auch, Erkenntnisse zur Bekämpfung von Infektionen zu liefern, die in Europa verbreitet waren. Während einer vom deutschen Kaiserreich finanzierten Expedition untersuchte der Mediziner Robert Koch den Reifungszyklus von Erregern der Krankheit im Blut verschiedener Tiere. Vor allem aber erprobte er die Heilwirkung unterschiedlicher Chemotherapeutika: In zwei Lagern in Uganda injizierte Kochs Team als schlafkrank identifizierten Afrikaner*innen in schmerzhaften Prozeduren die teils arsenhaltigen Lösungen. Viele erblindeten infolge der Versuche. Ein verlässliches Heilmittel wurde nicht gefunden. MB

↑ **Passmarke, 1907**
Deutsch-Südwestafrika [Namibia]
Museum Afrikahaus Sebnitz,
Städtische Sammlungen Sebnitz

In der Kolonie Deutsch-Südwestafrika wurden Schwarze Menschen ab 1907 einem strengen Kontrollsystem unterworfen. Sie mussten jederzeit eine Passmarke mit sich tragen, in die eine Nummer und der Polizeidistrikt eingeprägt waren. Auf Verlangen beliebiger *weißer* Personen hatten sie die Marke vorzuzeigen. Damit sollte verhindert werden, dass die erfassten Menschen sich der Arbeitspflicht entzogen oder unerlaubt ihren Aufenthaltsort wechselten. **VS**

Passmarken wie diese aus Deutsch-Südwestafrika [Namibia] zu vergeben, gehörte zu den Kolonialpraktiken des Deutschen Reiches im 20. Jahrhundert. Eine nummerierte Marke am Körper tragen zu müssen, ist eher eine Methode im Umgang mit Tieren. Es war ein wichtiger Bestandteil der Demütigung, die Bewegungsfreiheit kolonialisierter Völker einzuschränken. Diese Praxis setzt sich bis heute durch die Residenzplicht in Deutschland fort. **LOS**

→ **„Sklaverei-Gegenstände“, vor 1888**
Westafrika [Ghana]
Museum der Kulturen Basel

Die brutalen Alltagswerkzeuge der Versklavung, Peitsche, Fußfesseln und „Sklavenzügel“, wurden hier als Exponat montiert. Sie gehörten der protestantischen Basler Mission, die 1862 an der Goldküste eine „Sclavenemanzipationskommission“ einsetzte und Versklavung unter Strafe stellte. Einige Missionar*innen kritisierten dieses Engagement als wirtschaftlich fatal und die Missionsarbeit behindernd. **SW**

„All we wanna do is take the chains off / All we wanna do is be free“, lautet ein Refrain des Künstlers J. Cole. Er spricht von Versklavung und Rassismus, die sich kontinuierlich durch die Geschichte der USA ziehen. Nach dem Tod des Schülers Michael Brown durch Schüsse eines Polizisten 2014 in Ferguson, Missouri, wurde der Song eingesetzt, um Polizeigewalt in den USA anzuprangern. **RR**

Slavery=
=instruments.
– Articles relatif à l'esclavage –
– Chaines des pieds –
Hobbles for slaves
-Sklavenzügel-
– Brides d'esclaves –
Bits for slaves.
Westafrika
Afrique occidentale
298

Handgezeichnete Karte von Konzentrationslagern, 1907
Emil Laaf (1871–1937),
Deutsch-Südwestafrika [Namibia]
Archiv- und Museumsstiftung der VEM, Wuppertal

Der Missionar Emil Laaf zeichnete 1907 eine Karte der Konzentrationslager für Herero und Nama in der Lüderitzbucht. Der deutsche Oberbefehlshaber Lothar von Trotha hatte während des Kolonialkriegs 1904 von der Reichsregierung den Auftrag erhalten, „Konzentrationslager“ für die „Reste des Hererovolkes“ einzurichten. Damit sollte ihr Widerstandswillen gebrochen werden. Die Gefangenen mussten Zwangsarbeit im Hafen und beim Eisenbahnbau leisten. Im Lager auf der Haifischinsel starben Tausende Herero und Nama an Unterernährung, mangelnder medizinischer Versorgung und aufgrund des rauen Klimas. Die Kolonialverwaltung nahm ihren Tod bewusst in Kauf, weshalb die Lager als Fortführung der im Krieg begonnen Vernichtungspolitik gelten. Die Kolonialverbrechen fanden unter den Augen der Missionar*innen statt. Laaf berichtete der Rheinischen Missionsgesellschaft erschüttert von seinen Beobachtungen. VS

Das verharmlosend als „Schutztruppe“ bezeichnete Kolonialmilitär ging auf dem Gebiet des heutigen Namibia mit besonderer Gewalt gegen die dort ansässigen Nama, OvaHerero, Damara und San vor, die sich zum antikolonialen Widerstand gegen die deutsche Besatzung vereint hatten. 1907 folgte der brutalen Niederschlagung des Widerstands – dem ersten Völkermord des 20. Jahrhunderts – die Errichtung eines der ersten deutschen, offiziell so bezeichneten Konzentrationslager. Tausende derer, die sich der Unterdrückung durch die deutschen Besatzer*innen widersetzt hatten, fanden im Arbeitslager auf der Haifischinsel den Tod. Später, in der NS-Hierarchie, nahmen einige der Generäle, die im Kolonialmilitär gedient hatten, hochrangige Positionen ein. Das ausgemusterte Uniformhemd des Kolonialmilitärs – das Lettow-Hemd – wurde als Vorbild für das „Braunhemd“ der Sturmabteilung (SA) genutzt. JA

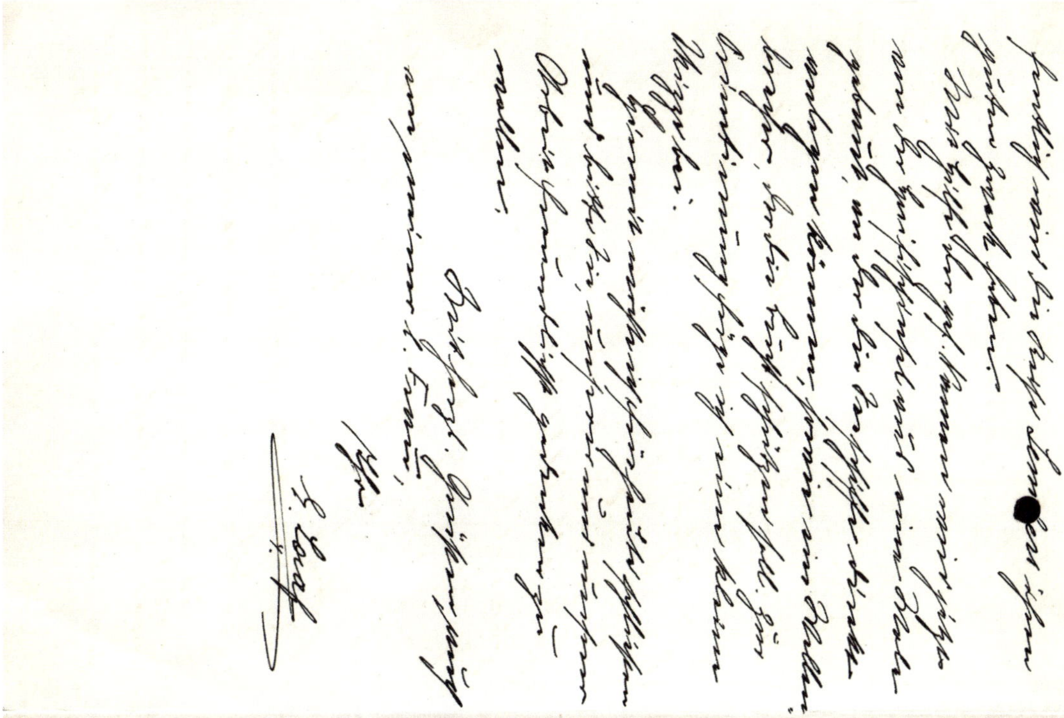

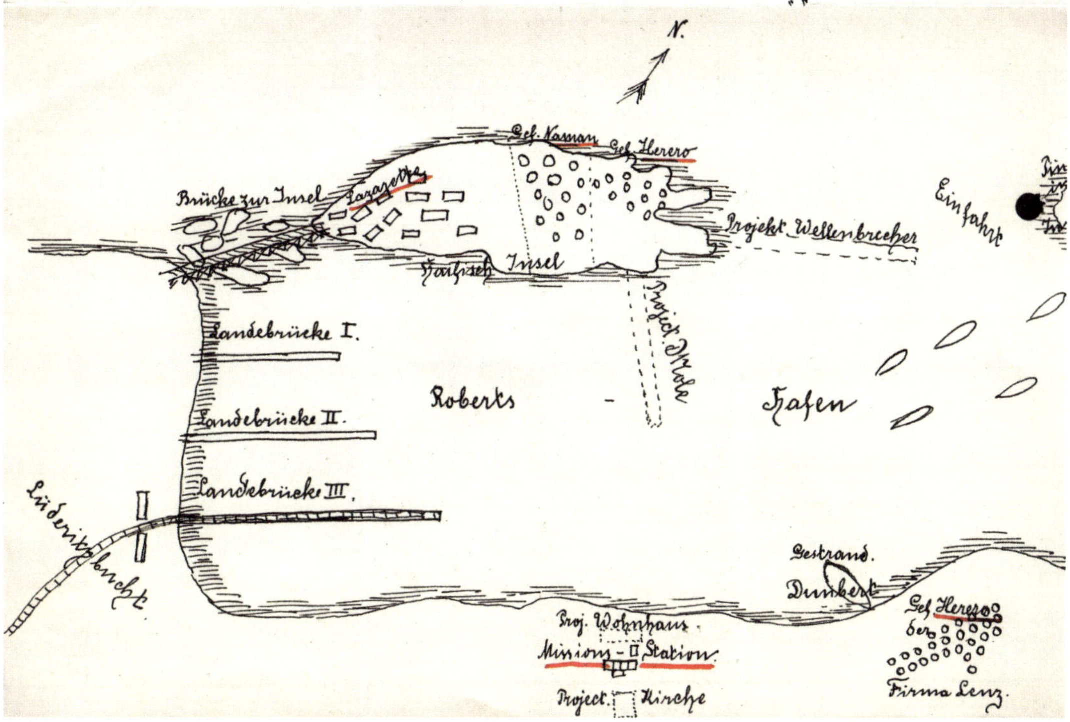
N.
Gef. Nama
Gef. Herero
Lazarette
Brücke zur Insel
Haifisch Insel
Projekt Wellenbrecher
Einfahrt
Project Mole
Landebrücke I.
Landebrücke II.
Landebrücke III.
Roberts - Hafen
Lüderitzbucht
Gestrand.
Dunkert
Gef. Herero der Firma Lenz.
Proj. Wohnhaus
Missions - II Station
Project. Kirche

3.2 Macht über Weltkarten

Die Geografie spielte eine entscheidende Rolle bei der „Eroberung" und Aufteilung der Welt durch europäische Mächte. Denn Landkarten bildeten die Grundlage für globalen Handel und die Beherrschung der Kolonialgebiete. Die Berliner Afrika-Konferenz von 1884/85 gilt heute als Symbol dafür, wie die um einen Tisch versammelten Vertreter der Großmächte einen ganzen Kontinent unter sich aufteilten wie einen Kuchen. Die Wissenschaft der Geografie stellte sich in den Dienst des Imperialismus, weshalb sie zur Universitätsdisziplin aufgewertet wurde.

Karten drücken stets einen bestimmten, nie objektiven Blick auf die Welt aus. Wegen der Kugelform der Erde ist jede zweidimensionale Abbildung verzerrt. Zwar gibt die vorherrschende Mercatorprojektion jeden Winkel auf dem Globus korrekt wieder, weshalb die Seefahrt sie nutzt. Doch sie verzerrt die Größenverhältnisse: Je näher der Äquator rückt, desto kleiner erscheinen die Landflächen. Dies lässt den globalen Norden mit Europa wesentlich größer wirken, als er ist. In der Bildungsarbeit werden deshalb vermehrt Karten mit realistischeren Größenverhältnissen eingesetzt. Auch Karten, auf denen der Süden oben liegt oder Europa am Rand, erschüttern das dominante Weltbild. VS

WALTER CRANE (1845–1915)

Karte des britischen Weltreichs, 1886

Cornell University – PJ Mode Collection of Persuasive Cartography

Die Karte von 1886 zeigt die Ausdehnung des britischen Kolonialgebiets mit globalen Handelsrouten. Ihre Gestaltung mit „Rassenfiguren" verbildlicht Sehnsüchte nach Dominanz und Exotik. Der Sozialist Walter Crane zeichnete die Allegorien der Freiheit, Brüderlichkeit und Vereinigung mit phrygischen Mützen. Diese galten als Ikonen antikolonialer Bewegungen, denn im antiken Rom hatten befreite Sklaven sie getragen. **VS**

Als Aktion postkolonialer Widerständigkeit wurde die Dresdner Columbusstraße im Juni 2016 kurzzeitig in Berta-Cáceres-Straße umbenannt. Die Aktivistin aus Honduras wurde ermordet, weil sie für die Rechte der indigenen Bevölkerung gekämpft hatte. Neben dem Sichtbarmachen dieser Kämpfe ist es wichtig, kritisch an Christoph Kolumbus zu erinnern, da er Amerika nicht „entdeckt", sondern gewaltvoll mitkolonialisiert hat. **BO**

Weltkarte mit arabischer Schrift, 1803

Cedid Atlas, Istanbul

Library of Congress / Geography and Map Division

Europäische Karten der Neuzeit spiegeln eine Weltordnung, in der Europa im Zentrum steht. Diese Karte mit arabischen Schriftzeichen ist eine osmanische Übersetzung eines europäischen Kartenwerks von 1803. Indem der amerikanische Kontinent rechts statt links abgebildet ist, rückt Asien ins Zentrum. Das damalige Osmanische Reich nutzte kartografisches Wissen für seine Reformpolitik. VS

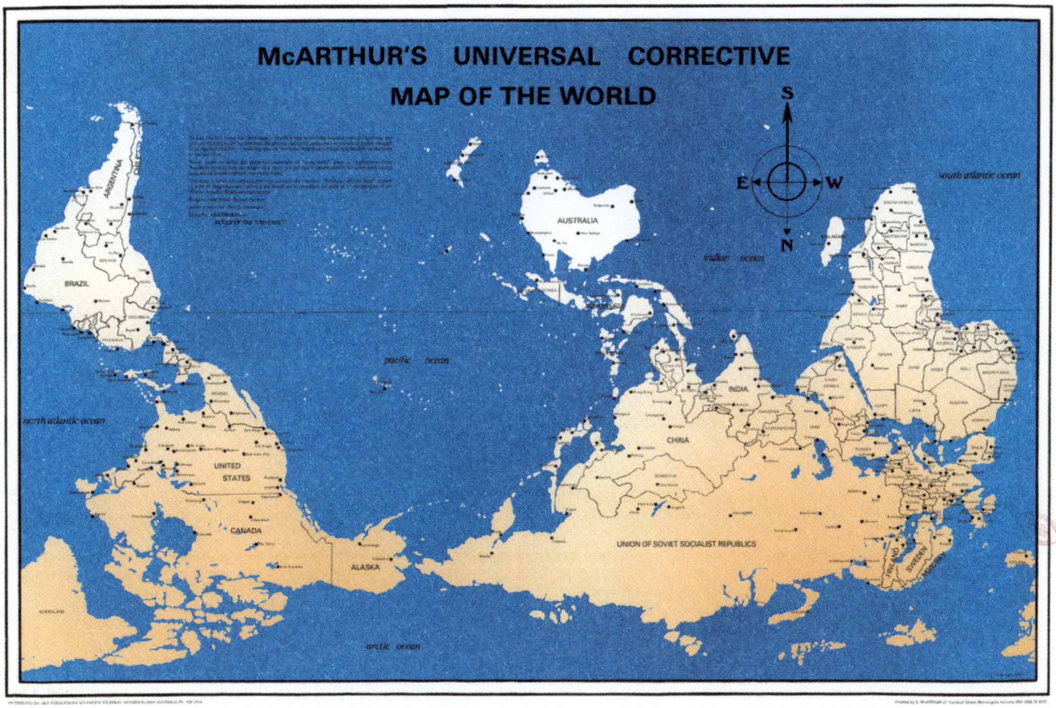

STUART MCARTHUR (*1958)

„South-Up-Karte", 1979

Melbourne University, Australien

In dieser Abbildung der Weltkugel liegt Europa am Rand. Die Karte ist nach Süden ausgerichtet, mit dem australischen Kontinent im Mittelpunkt. Der Australier Stuart McArthur wollte mit seiner „South-Up-Karte" Sehgewohnheiten erschüttern und seiner Heimat zu einer privilegierten Position verhelfen. Die Karte verzichtet auf die Darstellung der Antarktis, die herkömmlicherweise stark überdimensioniert erscheint. VS

3.3 Koloniales Erbe in Europas Museen

Während der Kolonialherrschaft sammelten europäische Forscher*innen, Missionar*innen, Siedler*innen und Soldaten in den „entdeckten" und „eroberten" Gebieten, was ihnen in die Hände fiel. Diese Objekte – Waffen, Werkzeuge, Kunst und Schmuck, Pflanzenpräparate und menschliche Überreste – befinden sich heute in ethnologischen und historischen Museen, in Naturkunde- und Technikmuseen. Wie sie in die Sammlungen gelangten, ist oft unklar. Sie wurden gekauft, getauscht, überlassen, unter Druck und gegen niedrigen Gegenwert abgegeben, aber auch geraubt und erzwungen.

Bislang fehlt eine systematische Provenienzforschung zur Klärung der Erwerbungskontexte. Als „sensible Objekte" gelten heute menschliche Überreste, Kriegsbeute oder rituelle Gegenstände. Die Herkunftsgemeinschaften fordern oft die Rückgabe, die es bislang nur selten bei menschlichen Überresten gegeben hat. Aktivist*innen aus kolonisierten Ländern und aus Europa kritisieren, dass die Museen immer noch Schätze aus der ganzen Welt präsentieren und vermeintlich gesichertes Wissen über „fremde Kulturen" vermitteln. Sie verlangen, dass Museen ihre Sammlungen und Erkenntnisse diskutieren und Menschen aus den Ländern und Gemeinschaften einbeziehen, von denen die Objekte stammen. **VS**

→ **Gedenkkopf eines Königs, 17./18. Jh.**
Bronze (Gelbguss),
Königtum Benin [Nigeria]
Museum für Völkerkunde Hamburg

Das westafrikanische Königreich Benin wurde nicht zuletzt aus ökonomischem Interesse zerstört. Vom dortigen Hof gelangten nach einer britischen Strafexpedition 1897 die berühmten Bronzen als Kriegsbeute in europäische Museen. Die qualitätvollen Werke erschütterten den geringschätzenden Blick europäischer Wissenschaftler auf afrikanische Kulturen und ihr Selbstverständnis kultureller Überlegenheit. Im Einklang mit der vorherrschenden Kulturkreislehre suchten sie zunächst nach „fremden“ Einflüssen auf die ausgefeilte Gusstechnik; zugleich begann der Wettstreit um die besten Stücke. Mit den Figuren befassen sich heute transnationale Forschungsgruppen wie die Benin Dialogue Group. Restitutionsforderungen und aktivistischer Protest beziehen sich ebenfalls auf sie. **SW**

Unsere Könige, unsere Götter, unsere Ahnen in euren Museen. Geraubt, versteckt, verstaubt, vergessen. In dunklen Räumen, hinter Glas, gefangen. Abertausende. Abertausende. Wir werden um sie kämpfen. Sie werden mit uns kämpfen. Für unsere Freiheit. Für ihre. **MSM**

→ **Mutmaßliche Ritualobjekte eines Herero-Chiefs, vor 1900**
***Omuhona* Kukuri (um 1810–1903),**
Otjosazu, Deutsch-Südwestafrika [Namibia]
Archiv- und Museumsstiftung der VEM, Wuppertal

Die Stäbe und das Reibholz nutzte Herero-Chief Kukuri wohl im Zusammenhang mit dem „Ahnenfeuer“. Kukuri galt Ende des 19. Jahrhunderts als eine der letzten Herero-Autoritäten, die noch keine Christen geworden waren. Vergeblich versuchten Missionar*innen, das zu ändern. Doch als Kukuri infolge der Rinderpest sein Vermögen verlor und dem Tod nahe war, übergab er seine rituellen Gegenstände einem Missionar und ließ sich 1900 als Letzter seiner Familie taufen. Im Wuppertaler Missionsmuseum sollten die „Heiligtümer“ Kukuris nach dem Völkermord an den Herero eine „untergegangene heidnische Kultur“ repräsentieren. Weil sie während der deutschen Kolonialherrschaft nach Wuppertal gelangten und zur religiösen Praxis der Herero gehörten, gelten sie heute als „sensible Objekte“. Über den künftigen Umgang mit ihnen möchte die Archiv- und Museumsstiftung der Vereinigten Evangelischen Mission mit Expert*innen aus Namibia sprechen. **VS**

3.4 ReMIX. Africa in Translation

NADJA OFUATEY-ALAZARD UND NICOLAS GRANGE

Welche Rolle spielt die koloniale Vergangenheit für die afrikanische Gegenwart? Dies ist die zentrale Fragestellung des ReMIX-Projekts, für das wir mit wechselnden Teams in die vier ehemaligen deutschen Kolonien auf dem afrikanischen Kontinent reisten. In Togo, Kamerun, Tansania und Namibia unternahmen wir Roadtrips zu Erinnerungsorten von Versklavung und antikolonialem Widerstand. Zu den strukturgebenden ReMIX-Themen im Rahmen der Filmreihe gehörten der Versklavungshandel als Vorläufer des Kolonialismus ebenso wie die wiederkehrenden Themenkomplexe von Missionierung und kolonialer Landnahme, wirtschaftlicher Ausbeutung und Zwangsarbeit, Krieg und Genozid, Formen kolonialer Herrschaftsausübung und Kollaboration, militärischem und zivilem Widerstand, medizinischen Experimenten und rassistischer Forschung sowie dem Raub von Gebeinen und Artefakten. Die ReMIX-Doku vollzieht einen Perspektivenwechsel hin zu jenen, die die koloniale Erfahrung in ihren Ländern erbten und schafft so einen Dialograum zwischen afrikanischen Expert*innen unterschiedlicher Provenienz. Auf dem Gebiet der heutigen Republik Togo und des Großteils der Voltaregion der heutigen Republik Ghana lag bis 1916 die deutsche Kolonie Togoland an der westafrikanischen Küste. Die erste ReMIX-Reise führte von Lomé entlang der Küste in die Städte Agbodrafo, Togoville und Aného, die sowohl für die Geschichte des transatlantischen Versklavungshandels als auch für die deutsche Kolonialisierung von Bedeutung waren. – Die kamerunische Hafenstadt Douala war einer der ersten Orte, an denen deutsche Repräsentanten euphemistisch so bezeichnete „Schutzverträge“ mit örtlichen Herrschern unterschrieben hatten. Das ReMIX-Projekt drehte im Rahmen der zweiten Reise in Buéa, damals Hauptstadt der deutschen Kolonialverwaltung, im Küstenort Bimbia, einem wichtigen Schauplatz des transatlantischen Versklavungshandels, sowie in der heutigen Hauptstadt Yaoundé. – Die Gebiete des heutigen Tansania, Ruanda und Burundi bildeten einst gemeinsam die Kolonie Deutsch-Ostafrika. Die ostafrikanische Küste sowie die ihr vorgelagerte Insel Sansibar waren für das deutsche Kolonialreich von großer strategischer Bedeutung bei der gewaltsamen Durchdringung des Festlandes. Die dritte ReMIX-Reise führte in die ehemalige Hauptstadt des deutschen Kolonialreichs, Bagamoyo, sowie in die tausend Kilometer entfernte Stadt Songea als einem der Zentren des Maji-Maji-Krieges (1905–1907). – Deutsch-Südwestafrika, heute Namibia, war die einzige Siedlerkolonie unter den deutschen Kolonien in Afrika, was der kolonialen Inbesitznahme eine zusätzliche Gewaltdimension gab. Die vierte ReMIX-Reise setzt sich von daher mit dem Erbe des deutschen Genozids an Herero und Nama auseinander und drehte in der namibischen Hauptstadt Windhoek, in Hoachanas, einem historischen Zentrum der Nama, sowie der Stadt Swakopmund als einem der Orte, an denen Herero und Nama in Konzentrationslagern interniert waren, und am Waterberg als Schauplatz des deutschen Kolonialkrieges gegen die Herero.

1

2

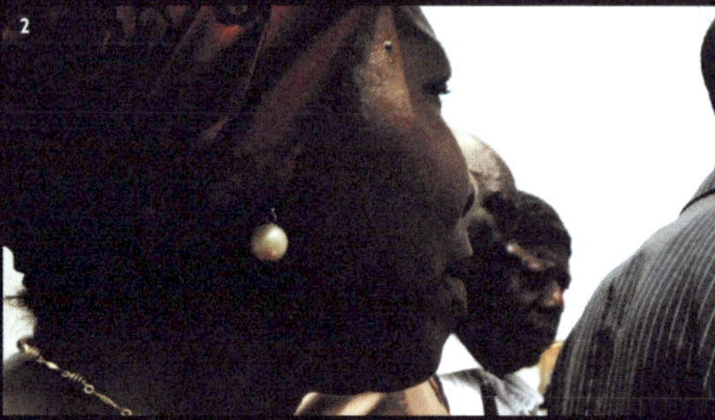

3

4

5

6

7

8

9

10

11

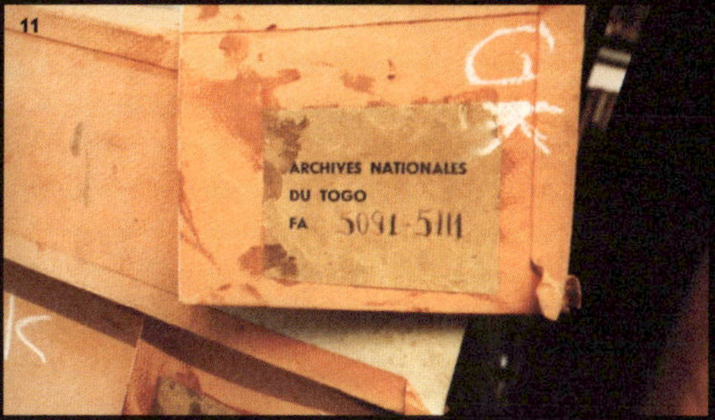

12

13

14

15

16

17

18

19

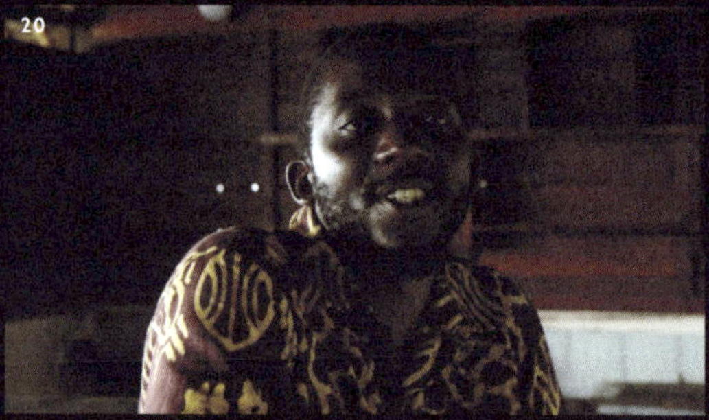
20

1 **ReMIX Namibia: Kai//Khau Festival**
Hoachanas, Namaland, Namibia, 12/2016

2 **ReMIX Kamerun: Feier zum 100. Jahrestag des Abzugs der Deutschen**
Fondation AfricAvenir, Bonabéri, Douala, Kamerun, 8/2016

3 **ReMIX Namibia: Kai//Khau Festival**
Hoachanas, Namaland, Namibia, 12/2016

4 **ReMIX Kamerun: Martin Ambara, Ko-Kurator von ReMIX**
OTHNI Theatre Lab, Yaoundé, Kamerun, 8/2016

5 **ReMIX Kamerun: Ehemaliger Versklavungshafen in Bimbia**
Nahe Limbé, Kamerun, 8/2016

6 **ReMIX Tansania: Der Schädel des Königs Mkwawa**
Mkwawa Memorial Museum, Kalenga, Tansania, 10/2016

7 **ReMIX Tansania: Das Stadtzentrum von Daressalam von der Sansibar-Fähre aus**
Daressalam, Tansania, 10/2016

8 **ReMIX Namibia: Dr. Memory Biwa, Historikerin, Universität von Namibia**
Windhuk, Namibia, 12/2016

9 **ReMIX Kamerun: Der Hafen von Douala vom Hotel Foyer du Marin aus**
Douala, Kamerun, 8/2016

10 **ReMIX Togo: Ein junges Mitglied des FabLab „Woelab“**
Silicon Villa, Lomé, Togo, 7/2016

11 **ReMIX Togo: Im Nationalarchiv von Togo**
Lomé, Togo, 7/2016

12 **ReMIX Togo: Dr. Wazi Apoh, Archäologe**
Ho, Ghana, 7/2016

13 **ReMIX Namibia: Bahngleis außerhalb von Swakopmund**
Namibia, 12/2016

14 **ReMIX Kamerun: Die von Deutschen erbaute Brücke von Edéa**
Kamerun, 8/2016

15 **ReMIX Togo: Die von der deutschen Kolonialregierung erbaute alte Landungsbrücke in Lomé**
Togo, 7/2016

16 **ReMIX Togo: Die von der deutschen Kolonialregierung erbaute alte Landungsbrücke in Lomé**
Togo, 7/2016

17 **ReMIX Namibia: Die Bismarckstraße im Stadtzentrum von Windhuk**
Namibia, 12/2016

18 **ReMIX Tansania: Mkuki Bgoya, Creative Director bei Mkuki na Nyota Publishers Ltd.**
Daressalam, Tansania, 10/2016

19 **ReMIX Tansania: Der Indische Ozean bei Bagamoyo**
Tansania, 10/2016

20 **ReMIX Tansania: Vitali Maembe, Musiker und Aktivist**
Bagamoyo, Tansania, 10/2016

http://www.bpb.de/geschichte/zeitgeschichte/postkolonialismus-und-globalgeschichte/254137/remix-doku-serie

3.5 Postkoloniale Kämpfe

Die Geschichte des Kolonialismus ging mit der formalen Unabhängigkeit neuer Nationalstaaten nicht zu Ende. Im heutigen Postkolonialismus wirkt die wirtschaftliche und politische Dominanz des globalen Nordens fort. Erst nach und nach beschäftigen sich die europäischen Gesellschaften mit ihren Kolonialverbrechen und dem fortwirkenden Kolonialrassismus.
Die eurozentrische Perspektive zu verlassen ist nur möglich, wenn ein ernst gemeinter Dialog beginnt. Viel zu selten werden die Stimmen von Menschen aus ehemaligen Kolonien und von Nachfahren der Kolonisierten gehört. In den folgenden Interviewpassagen kommen Menschen aus Namibia und Tansania, einst von Deutschen kolonisiert, zu Wort. Sie erzählen von ihren Kämpfen in einer postkolonialen Welt. **VS**

Die Interviews führte Volker Strähle (Kamera: Theo Thiesmeier) anlässlich der internationalen Konferenz „Prussian Colonial Heritage. Sacred Objects and Human Remains in Berlin Museums“ am 15. Oktober 2017. Die Veranstaltung wurde von zivilgesellschaftlichen Initiativen organisiert: Berlin Postkolonial in Kooperation mit der Initiative Schwarze Menschen in Deutschland (ISD) sowie den Bündnissen „Völkermord verjährt nicht“ und „No Humboldt 21!“.

ESTHER MUINJANGUE Vorsitzende der OvaHerero Genocide Foundation, Windhuk, Namibia

„Die deutsche Geschichte mit dem Krieg und Völkermord von 1904 ist ein heißes Thema in Namibia, überall wird darüber diskutiert. Das Parlament hat eine Resolution beschlossen, die das Massaker als Völkermord bezeichnet und eine Entschuldigung der deutschen Regierung bei den Herero und Nama fordert. Und dann sollte es Dreiergespräche geben, bei denen Deutsche, Herero und Nama plus die namibische Regierung zusammen am Tisch sitzen. Für uns ist klar: Das kann nicht zwischen zwei Regierungen verhandelt werden – es ist eine Angelegenheit zwischen der deutschen Bundesregierung und den Gruppen, an denen der Völkermord begangen wurde, den Nama und Herero. [...] Ich weiß noch, wie es war, als wir 2004 anfingen, nach Deutschland zu fahren: Da saßen im Publikum immer 10 bis 15 Leute. Seit vergangenem Jahr fällt mir auf, dass mehr und mehr Menschen zu solchen Konferenzen kommen, Ausstellungen besuchen, Interesse zeigen. Für mich zeigt das, dass unsere Lobbyarbeit funktioniert – was sehr positiv ist, weil nun viele Menschen begreifen, was wirklich geschehen ist.“

ISRAEL KAUNATJIKE Bündnis „Völkermord verjährt nicht“, Ehrenmitglied der OvaHerero-Banderu-Stiftung, Berlin

„Ich wurde 1947 in Namibia geboren, zur Zeit der Apartheid, und ich war Mitglied der SWANU, einer Befreiungsbewegung. In den 1970er-Jahren bin ich nach West-Berlin geflüchtet. Dort habe ich mich in der Antiapartheidbewegung engagiert, bis Namibia ein freies Land war. Und danach habe ich mich gefragt: Was ist eigentlich vor der Apartheid passiert? Da war der deutsche Kolonialismus. Auch ich habe mit deutscher Geschichte zu tun. Meine beiden Großväter waren Deutsche, aber die habe ich nie kennengelernt, ich bin als Herero geboren und aufgewachsen. Das war mein Motiv dafür, mich zu engagieren, weil ich hier der einzige Herero in Berlin war und mein damaliger Chief, Kuaima Riruako, mir den Auftrag gegeben hatte, mich hier einzusetzen. Wir sind hier direkt an der Front. In Berlin war 1884/85 die Afrika-Konferenz, hier müssen wir uns engagieren mit Unterstützung der Zivilgesellschaft. Manche hier denken, dass der Völkermord anerkannt sei, aber das stimmt nicht, er ist noch nicht anerkannt.“

WALTRUDIS IGNATSIA ORTMAN Nama Technical Committee, Windhuk, Namibia

„Das derzeit größte Problem in Namibia dreht sich um den Landbesitz. Wir möchten wieder auf dem Land unserer Vorfahren leben. Aber das ist sehr schwierig. Leute aus dem Norden Namibias kommen in unsere Region und erhalten Land und Höfe, während wir, die wir aus der Gegend stammen, nicht einmal Land besitzen. Die meisten von uns fahren sehr weit, um einfach nur Arbeit zu suchen. Der Süden Namibias ist die reichste Region des Landes. Es gibt Diamanten und Weingüter. Aber selbst für die Jobs in den Weinbergen holen sie Leute aus dem Norden, obwohl unsere Leute schon da sind. Und wenn sie doch mal Arbeit finden, dann nur in ganz niedrigen Stellungen. Unsere eigenen Leute dürfen nicht mal ein Krankenhaus reinigen, das ist wirklich unfair. Ich komme aus dem Süden. Aber ich arbeite fast 800 Kilometer von zu Hause entfernt, weil ich dort keinen Job finden kann. Ich wohne zur Miete und muss ständig umziehen, weil mir nichts selbst gehört. Doch ich will ein Stück Land besitzen und meinen Kindern etwas hinterlassen, wenn ich sterbe."

EMANUEL ZULU GAMA V. Chief, Daressalam, Tansania

„Der Maji-Maji-Krieg ging sehr brutal zu Ende. Die Anführer der Widerständigen wurden im Februar 1906 gehängt und dann in einer riesigen Grube verscharrt. Man kann das nicht als Grab bezeichnen, denn ein Grab ist ein geweihter Ort. Die Begräbnisstätte gibt es heute noch, sie befindet sich in der Stadt Songea im Süden von Tansania. Wir machen jedes Jahr eine Erinnerungszeremonie, am 27. Februar, dem ersten Tag dieser tragischen Ereignisse, an dem vier Menschen gehängt wurden. Ich werde diese Tradition fortsetzen, weil mein Vater einst gesagt hat: Ich gehe zur Zeremonie für die Gehängten. Er war ein Chief. Und er hat das zu mir gesagt, und ich werde es meinem Sohn weitersagen, meinem Enkel, allen. Die Feier haben wir nun jedes Jahr, sie ist ein Anlass dafür, uns zu erinnern. Schließlich gibt es ohne Geschichte kein Leben. Gestern sagte jemand: Geschichte ist wie Autofahren – man muss nach vorn blicken und dann zurück. So fährt man Auto. Und so ist es, kurz gesagt."

CAROLINE MUTAHANAMILWA MCHOME Ministerium für natürliche Ressourcen und Tourismus, Daressalam, Tansania

„Früher wussten unsere Kinder nicht, dass es Dinosaurier in Tansania gegeben hat. Als wir von den Dinosaurierfossilien im Naturkundemuseum Berlin hörten, fingen wir an, unsere Leute darüber zu informieren. Denn die Saurierknochen waren während der deutschen Kolonialzeit von Tansania nach Deutschland gebracht worden. Wir haben geprüft, ob die Fossilien in Berlin nach den internationalen Museumsregeln ausgestellt werden. Dort zeigen Dokumente, dass die Fossilien aus Tansania stammen, und es gibt einen kurzen Überblick darüber, wie sie erworben wurden. Andere wichtige Informationen fehlen dagegen. In diesen Museen scheint es eine Menge Dinge zu geben, die auf nicht ganz saubere Art dort hingelangt sind. Ein solches Tier, das in Tansania gefunden wurde, gehört auch zum Erbe der gesamten Menschheit. Aber wir in Tansania sollten wenigstens einen der Dinosaurier aus dem Naturkundemuseum bekommen, es gibt ohnehin noch Skelettteile in ungeöffneten Kisten. Lasst uns teilen. Gebt einen bestimmten Anteil den Gemeinschaften der Länder zurück, aus denen diese Objekte stammen."

MNYAKA SURURU MBORO Vorstand von Berlin Postkolonial, Berlin

„Komischerweise gibt es in Berlin ein Afrikanisches Viertel. Das klingt, als würden Afrikaner dort leben. Ich sehe das als Kolonialviertel, weil die Straßennamen alle einen Bezug zum deutschen Kolonialismus in Afrika haben. Es gibt auch einen Teil, der mit Deutsch-Ostafrika zu tun hat. Und da ist der Reichskommissar Carl Peters geehrt. Peters war der brutalste. Bei uns in Tansania hat man ihn *mkono wa damu*, „blutige Hand", genannt. Später habe ich in Deutschland erfahren, dass er hier als „Hänge-Peters" bekannt war. Im Afrikanischen Viertel im Wedding wurde er 1939 von den Nationalsozialisten als Vorbild für Deutschland geehrt. Weil Deutschland damals nicht nur die Juden vernichten wollte. Die wollten auch ihre Kolonien zurück, die sie im Ersten Weltkrieg verloren haben. Und nun kämpfe ich schon seit vielen Jahren darum, diese Straße umzubenennen."

3.6 Erschaffung des Eigenen und des Fremden

Jeder Mensch unterscheidet sich von allen anderen. Deshalb können große Gruppen nur schwer bestimmen, was sie insgesamt auszeichnet. Als sich im 19. Jahrhundert die europäischen Nationalstaaten bildeten, war die Einheit von Volk, Sprache und Kultur eine Fiktion. Eine vermeintliche nationale Homogenität musste durch Anpassung und Ausschluss erst hergestellt werden. Im Deutschen Reich sollte unter anderem das Christentum „die deutsche Kultur" verkörpern – deshalb wurde die Vollendung des Kölner Doms zum nationalen Projekt erklärt. Die jüdische Bevölkerung drückte mit großen Synagogenbauten ihre Zugehörigkeit aus, die ihr die antisemitische Bewegung jedoch absprach.

Kulturen wandeln sich stetig, das Fremde wird zum Eigenen, das Eigene zum Fremden. Die „Orient"-Begeisterung gehört seit Jahrhunderten zur europäischen Kultur; gleichzeitig sind „der Orient" und die muslimische Religion für viele ein Symbol des bedrohlichen „Anderen". Faszination und Furcht spielen oft ineinander: Schon die kolonialen Völkerschauen präsentierten Menschen aus anderen Ländern als „gezähmte Wilde", die „ihre Kultur" vorführten. Dagegen prangerten Gegenausstellungen das Unrecht an, das Kolonialherren außerhalb Europas verübten. VS

YINKA SHONIBARE MBE (RA) (*1962)
„How to Blow Up Two Heads at Once", 2006
Fiberglas-Schaufensterpuppen, zwei Waffen, Waxprint-Textilien
Fundação Sindika Dokolo, Luanda

Zwei Herren stehen sich gegenüber und zielen mit Pistolen auf Höhe ihrer Köpfe. Das Duell haben beide bereits verloren, denn sie sind schon enthauptet. Ohne Verstand scheinen die Kopflosen weiter um ihre Ehre zu eifern. Oder richten sich ihre Waffen nun auf die Betrachter*innen? Die im viktorianischen Stil geschneiderte Kleidung der Mannequins bestehen aus Waxprint-Textilien. Das Verfahren zum Bemustern der Stoffe wurde in Indonesien entwickelt und während der niederländischen Kolonialherrschaft vor allem von der Firma Vlisco seit 1846 industrialisiert. Bis heute werden die Textilien aus Europa nach Westafrika exportiert. Vom *westlichen* Blick als Zeichen afrikanischer Kultur wahrgenommen, erweisen sich die Stoffe bei genauerer Betrachtung als transkulturelles Material. Yinka Shonibares lebensgroße Hybridfiguren werfen durch ihre Materialität Fragen nach postkolonialer Identität und kultureller Authentizität auf. SAS

→ **Synagoge Glockengasse in Köln, 1861**
Modell, 2001
Fachbereich Baugeschichte der Technischen Universität Braunschweig in Zusammenarbeit mit dem Center for Jewish Art der Hebrew University of Jerusalem
Jüdisches Museum Berlin

Die Synagoge von 1861 hatte der Baumeister des katholischen Kölner Doms, Ernst Friedrich Zwirner, entworfen, der selbst Protestant war. Der maurische Baustil drückte die damalige „Orient"-Begeisterung aus. Mit dem imposanten Gebäude im Stadtzentrum unterstrich die jüdische Gemeinde ihre Zugehörigkeit zum öffentlichen Leben. Während des Novemberpogroms 1938 wurde die Synagoge zerstört. VS

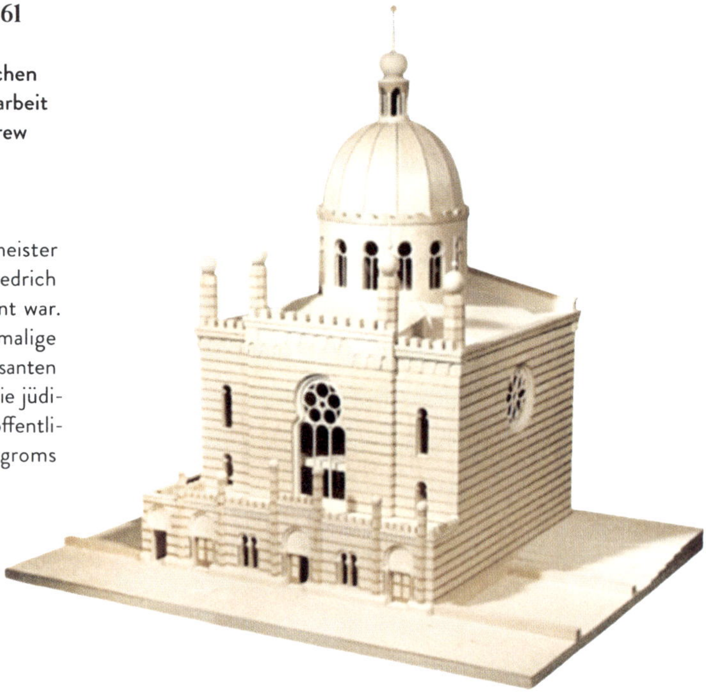

↓ **Neue Synagoge in Breslau, 1872**
Modell, 2001
Fachbereich Baugeschichte der Technischen Universität Braunschweig in Zusammenarbeit mit dem Center for Jewish Art der Hebrew University of Jerusalem
Jüdisches Museum Berlin

Der Entwurf zur Breslauer Synagoge stammt von dem jüdischen Architekten Edwin Oppler. Er lehnte den maurischen Stil ab und entschied sich für die Neo-Romanik. „Der deutsche Jude muss im deutschen Staate auch im deutschen Style bauen", forderte er. Das Bekenntnis zur Nation war auch eine Reaktion auf die antisemitische Bewegung. Diese warf der jüdischen Bevölkerung vor, die nationale Einheit zu gefährden. VS

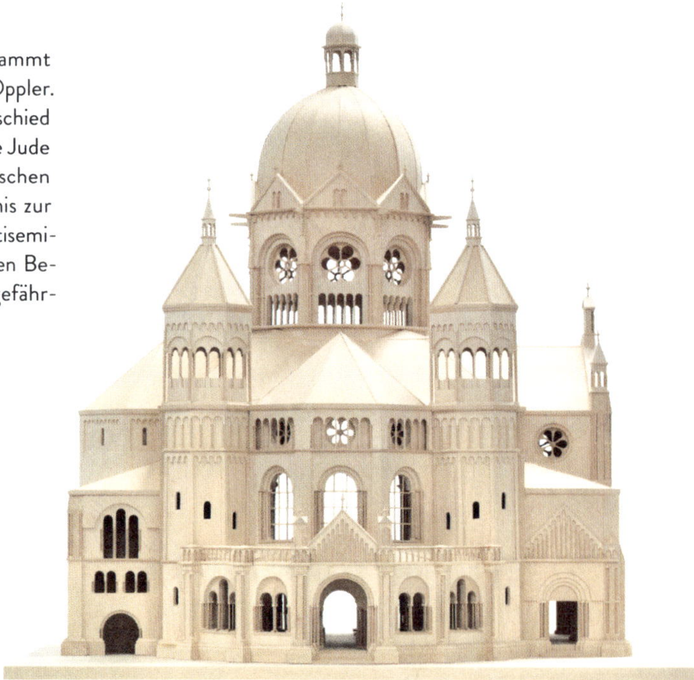

Tabakfabrik „Yenidze“, 1909

Modell, o. J.

Museum der Arbeit – Stiftung Historische Museen Hamburg

Die Architektur der Dresdner Tabakfabrik von 1909 erinnert an eine Moschee. Das Modell zeigt die farbige Glaskuppel und einen als Minarett gestalteten Schornstein. Dresden war vor dem Ersten Weltkrieg ein Zentrum der Tabakindustrie. Diese nutzte orientalisierende Motive und Produktnamen, um den Konsum anzukurbeln. Das Gebäude sollte exotisch aussehen und als Reklame dienen. In Schaufenstern stand das Modell mit Innenbeleuchtung zur Werbung. **VS**

Dresden schmückt sich gern mit der Yenidze, um Weltoffenheit zu zeigen. Dabei wird der Islam anknüpfend an frühere orientalistische Bilder als „das Fremde“ inszeniert, das nicht zur Stadt gehört. Diese Haltung befeuert den antimuslimischen Rassismus, der von zahlreichen Menschen geteilt, durch Pegida und andere Gruppen auf die Straße getragen und in die Tat umgesetzt wird: durch Beleidigungen, Körperverletzungen und Sprengstoffanschläge auf Moscheen. Auf seine gewaltvollste Art zeigte sich der antimuslimische Rassismus 2009 beim Mord an Marwa El-Sherbini im Dresdner Landgericht. **BO**

Streit um Moschee, 2016–2018

Aussagen zum geplanten Neubau in Erfurt

Religiöse Bauwerke machen die Anwesenheit und gesellschaftliche Zugehörigkeit von Glaubensgemeinschaften sichtbar. Allerdings ruft ihre architektonische Gestaltung oft rassistische Ressentiments und Proteste hervor – historisch wie aktuell. Die Debatte „Wer gehört zu ‚uns'?" nahm in Deutschland einst Synagogen zum Anlass und gilt heute vor allem Moscheen, wie etwa die Auseinandersetzung um einen Neubau der Ahmadiyya-Gemeinde in Erfurt zeigt. FW

„Wir Muslime haben halt ein bisschen Schwierigkeiten, wenn es um die Räumlichkeiten und Grundstücke geht. Das ist genauso schwer, als wenn man ein Atomkraftwerk bauen soll."

Suleman Malik, Sprecher der Thüringer Ahmadiyya-Gemeinde, Deutschlandfunk, 5.10.2016

„So haben nicht wenige Menschen den Eindruck, als komme da etwas von außen auf sie zu, das sie in jeder Hinsicht als fremd empfinden. Damit stellt sich zum Beispiel die Frage, wie weit die Privilegierung religiöser Bauwerke reichen und an welche Bedingungen sie geknüpft sein soll."

Anette Lehmann, Sprecherin der CDU-Fraktion für Petitionen im Thüringer Landtag, Pressemitteilung der CDU-Fraktion, 6.4.2017

„Es ist jetzt an der Ahmadiyya-Gemeinde, für Transparenz zu sorgen, damit Klarheit darüber herrscht, was hinter den Mauern der Moschee gepredigt und gelebt wird. Den gesellschaftlichen Frieden in unserer Stadt erhält man nicht gegen den Willen der betroffenen Bürger."

Marion Walsmann, CDU-Kreisvorsitzende, Pressemitteilung des CDU-Kreisverbandes Erfurt, 12.1.2018

„Unser Grundgesetz ist hier klar: Religionsgemeinschaften haben das Recht auf die freie Ausübung ihrer Religion. Dieses Recht gilt selbstverständlich auch, wenn sich Religion in Architektur ausdrückt. Deshalb begrüßen wir als christliche Kirchen den Moscheeneubau in Erfurt."

Bischof Ulrich Neymeyer (katholisches Bistum Erfurt) und Landesbischöfin Ilse Junkermann (Evangelische Kirche in Mitteldeutschland), gemeinsame Erklärung, 14.3.2017

„Gut, sagen wir: Keiner hat was gegen eine Stätte des Dialogs und der Begegnung. Aber warum mit Kuppel und Minarett? [...] Und wie wäre es mit ein wenig Rücksichtnahme auf die einheimische Bautradition?"

Björn Höcke, Vorsitzender der AfD-Fraktion im Thüringer Landtag, Rede auf einer AfD-Demo in Erfurt, 18.5.2016

„Natürlich dürft ihr Moscheen bauen, aber baut sie nicht jetzt."

Holger Stahlknecht (CDU), Minister für Inneres und Sport des Landes Sachsen-Anhalt, Handelsblatt, 10.9.2016

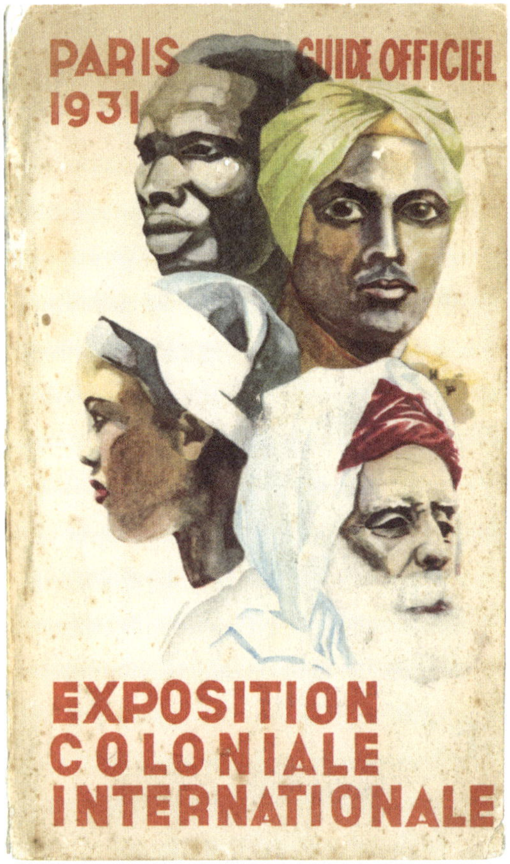

← **Paris 1931. Offizieller Ausstellungskatalog. Internationale Kolonialausstellung, 1931**
Albert Keim (Hg.), Édition Sentier Publicité, Paris

Das Cover des Ausstellungskatalogs ruft die europäische Annahme der „Nationengesichter“ des Menschengeschlechts aus dem 18. Jahrhundert auf. Sie repräsentieren unterschiedliche „Kulturen“ und erscheinen brüderlich vereint. Anders als frühere Kolonialausstellungen in Frankreich, die – etwa in Marseille 1922 – „exotisches Leben“ in Basar-Ästhetik gezeigt hatten, verfolgte die Pariser Ausstellung von Mai bis September 1931 andere Ziele mit einem modernen Konzept. Mit Statistiken, Fotografien, Filmen, Reportagen und nachgebauten Dörfern dokumentierte sie den Kolonialismus als gemeinsames, humanistisches Projekt. Vor allem aber wollte sie für eine Karriere in den Kolonien werben. Harmonische Bilder überdeckten sowohl die tatsächlichen Hierarchien als auch zeitgenössische Debatten über Zugehörigkeit und erzwungene Anpassung an die Kultur der Kolonialmacht. SW

→ **Paris 1931. Internationale Kolonialausstellung. Deutscher Führer**
Covergestaltung und Verlag: Henri Jonquières, Paris

→ **Anthropomorphische Gelede-Maske für Tanzrituale, vor 1968**
Holz, Pigmente, Metall; Yoruba [Benin]
Musée du Quai Branly – Jacques Chirac, Paris

Weltweit finden sich Gemälde und Figuren, die „den Anderen" anhand auffälliger äußerlicher Merkmale konstruieren. Hier ist ein Kolonisator auf einer Maske für den Gelede-Tanz zu sehen. Helm, polierte Stiefel und weißer Kragen verbinden sich im kollektiven Bewusstsein vieler einstiger Kolonialvölker eng mit dem Aussehen europäischer Siedler*innen. Der Stuhl stellt für die Yoruba ein Symbol der Macht dar. TC

← **Gelede-Maske für Tanzrituale, vor 1931**
Holz, Pigmente; Yoruba [Benin]
Musée du Quai Branly – Jacques Chirac, Paris

Diese Maske verwendeten die Yoruba bei Tanzritualen, um Frauen zu trösten, die ein Kind verloren hatten. Sie war 1931 im „Pavillon des französischen Westafrika" der Pariser „Kolonialausstellung" zu sehen. Dort sollte ein breites Spektrum an Werken jener Region gezeigt werden. Europäische Sammler*innen interessierten sich meist für farbige Masken, die sie für „exotisch" hielten und die keinerlei negative Konnotation mit sich trugen. TC

← ↓ **„In der Ausstellung ‚Die Wahrheit über die Kolonien, organisiert von Aragon, Éluard und Tanguy'"**
Zeitschrift *Le Surréalisme au service de la révolution* [Der Surrealismus im Dienst der Revolution], Nr. 3/4, Dezember 1931
Centre Pompidou, Paris

Die Fotografien gehören zu den raren surrealistischen Bilddokumenten der antikolonialen Ausstellung 1931 in Paris. Die ironische Präsentation „europäischer Fetische" druckte die surrealistische Zeitschrift nach Ausstellungsende. In dieser Ausgabe publizierten die Organisatoren auch den Aufruf, die *offizielle Kolonialausstellung* nicht zu besuchen, und prangerten die Grundbesitzermentalität der Kolonisatoren an. SW

→ **„Die Wahrheit über die Kolonien", 1931**
Plakat zur Eröffnung der Ausstellung im Pavillon des Soviets, Paris, 19.9.1931
Archives départementales de la Seine-Saint-Denis, Bobigny

Drei Gruppen führten ihre antikoloniale Kritik an der offiziellen *Kolonialausstellung* in Paris 1931 vor: Surrealisten, die internationale Anti-Imperalistische Liga (AIL) und die Kommunistische Partei Frankreichs (PCF). Mit je eigenen Abteilungen veranstalteten sie eine Gegenschau im sowjetischen Pavillon, erbaut zu einer Industrieausstellung 1925. Während die AIL Ausbeutung, Grausamkeit und Widerstand in den Kolonien dokumentierte, warb die PCF mit Bildern sozialistischer Arbeit und Industrie für ein alternatives Gesellschaftsmodell. Die Surrealisten, darunter André Breton und Paul Éluard, zeigten – neben ironischen Kommentaren zur offiziellen Ausstellung – Artefakte afrikanischer, nordamerikanischer und pazifischer Herkunft. Der offiziellen Schau hatten sie Leihgaben aus ihren Sammlungen verweigert. Die Gegenausstellung wurde durch diverse Veranstaltungen laufend ergänzt.
SW

LA VÉRITÉ SUR LES
COLONIES
EXPOSITION
ORGANISÉE
PAR LA LIGUE
ANTI
8 AVENUE MATHURIN MOREAU
PARIS
aout-septembre 1931
IMPRIMERIE SPÉCIALE D'AFFICHES

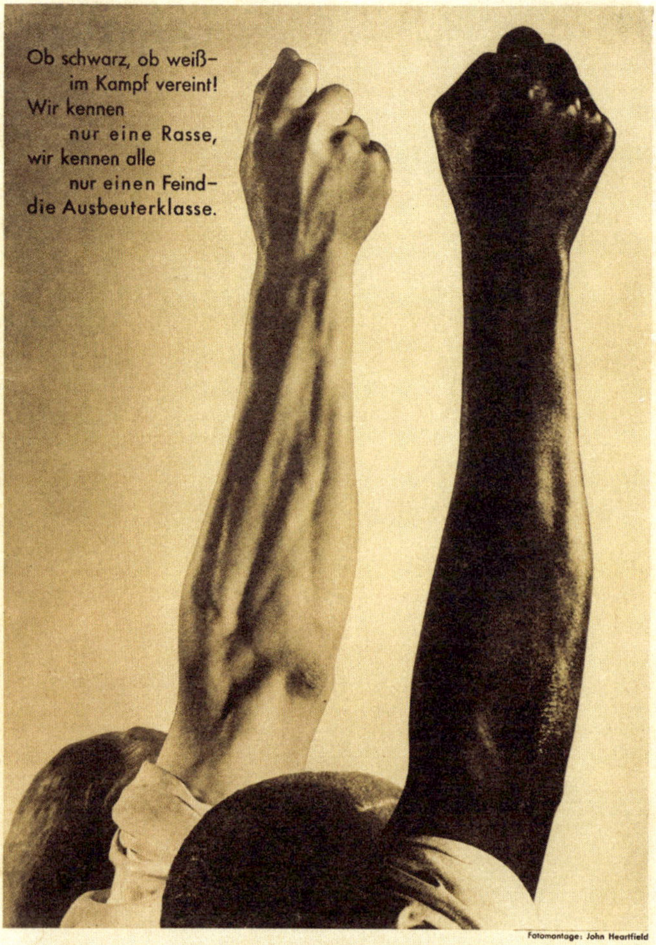

↑ **JOHN HEARTFIELD (1891–1968)**
„Ob schwarz, ob weiß – im Kampf vereint!", 1931 Fotomontage in der AIZ, 10. Jg., Nr. 26, Berlin 1931

Während der Pariser Kolonialausstellung erschien John Heartfields Fotomontage in der *Arbeiter-Illustrierten-Zeitung* von Willi Münzenberg. Diese griff mit Reportagen, literarischen Beiträgen und Fotografien Themen der internationalen Arbeiterbewegung auf und bündelte Stimmen zum Kampf gegen den Kolonialismus. Namhafte Autor*innen und Künstler*innen der Weimarer Republik halfen ab 1924, eine breitere Leserschaft zu gewinnen. SW

→ **Zeitung „Le Cri des Nègres", Nr. 2, September 1931**
Archives nationales d'outre-mer, Aix-en-Provence

Die Zeitung der Gewerkschaft Schwarzer Arbeiter in Paris veröffentlichte 1931 Artikel darüber, was die offizielle Ausstellung über die Kolonien verschwieg. Der Redakteur Tiemoko Garan Kouyaté (1902–1942) war Kommunist und arbeitete mit verschiedenen Gruppen Schwarzer Aktivist*-innen zusammen. In den 1930er-Jahren führte er den antikolonialen Kampf in der Kolonialföderation Französisch-Westafrika mit an. SW

Première Année. — N° 2 LE NUMÉRO : 0 fr. 50 SEPTEMBRE 1931

Le Cri des Nègres

Organe mensuel des Travailleurs Nègres

Rédaction et Administration : 43, Rue du Simplon, PARIS-18e

Les mandats et la correspondance doivent être adressés à :
S. ROSSO
43, rue du Simplon
PARIS-18e

L'Exposition Coloniale Internationale

SON VÉRITABLE SENS

Nous avons indiqué et démontré (voir *La Race Nègre* d'avril et *Le Cri des Nègres* d'août) que l'Exposition de Vincennes était et serait une immense foire d'un caractère essentiellement mercantile, d'où la réalité vivante serait délibérément exclue.

En effet, nulle part, à Vincennes, un originaire des Colonies ne se sent dans l'ambiance et dans le cadre qui ont vu se dérouler sa prime jeunesse et, n'étaient la coloration épidermique et les costumes de quelques-unes des tenancières de ces bars et de ces stands, il serait tout aussi dépaysé et certainement tout aussi étonné que le provincial qui s'y est rendu.

Malgré toutes les louanges de la presse capitaliste, malgré l'optimisme outrancier des personnages officiels, malgré tout le battage fait autour de cette exposition, malgré enfin l'extravagance de ses décors féeriques, la grosse masse du peuple, et les travailleurs en particulier, ne s'y sont pas laissé prendre.

Il n'a pas échappé à l'observateur impartial que toutes ces fastueuses mises en scène ne formaient point, à quelque degré que ce soit, la réalité; et le visiteur soucieux de s'instruire et de savoir s'est vite rendu compte de l'esprit mercantile qui s'y affirmait à tout propos et hors de propos.

Beaucoup de ceux, originaires des Colonies, qui s'y sont rendus, croyaient qu'ils auraient vu s'y dérouler le film de leur existence et, nombreux sont ceux qui escomptaient qu'à la faveur de cette exposition leurs souffrances et leurs misères allaient être connues de la masse Métropolitaine; se figurant, les naïfs!!! que l'impérialisme montrerait de si bénévole façon son véritable caractère et la nature de ses soi-disant bienfaits!!!...

Nous avions jugé à l'avance cette manifestation et nous nous étions réservé de souligner, aujourd'hui, son véritable sens, en attendant de dévoiler dans notre prochain numéro toutes les tractations et, documents à l'appui, le mode de recrutement de tous les indigènes qui y participent.

Au moment précis où les milieux officiels envisagent de proroger cette foire jusqu'à l'année prochaine, alors que sa fermeture était primitivement fixée au mois de novembre de cette année, il convient que nous indiquions aux Nègres et au prolétariat son sens réel.

Tout d'abord, l'impérialisme français a voulu montrer au monde capitaliste, aux prises avec de graves difficultés économiques, qu'il y avait lieu de compter avec lui, grâce aux richesses immenses et variées qu'il tirait des pays subissant son joug. *Donc, manifestation de ses capacités économiques.*

Il a tenu également à étaler aux yeux de l'univers les forces militaires que représentent les peuples qu'il a asservis. *Donc, manifestation de sa force militaire.*

Il est nécessaire, à ce propos, d'indiquer au prolétariat mondial qu'à l'instant où les représentants du capitalisme bêlent à la paix, c'est à qui s'arme le mieux.

Notre impérialisme ne fait pas exception puisque chaque jour, tandis que se déroule la foire de Vincennes, des dizaines et des dizaines de fusils-mitrailleurs, d'obus, de canons, de tanks, d'aéroplanes sont expédiés et débarqués sur le territoire de l'Afrique Noire, à quoi s'ajoute un recrutement intensif de soldats noirs,

Devant de telles manifestations et en présence d'une si active préparation à la guerre, le prolétariat doit se tenir alerté et monter activement la garde autour de notre Patrie commune : l'U. R. S. S.

Sous quelques jours, la *Ligue Anti-impérialiste*, de laquelle nous sommes pleinement solidaires, ouvrira son exposition, qui est une réplique à la foire mercantile de Vincennes; tous les Nègres se doivent d'y participer et d'engager leurs amis à la visiter, car il leur sera donné de voir s'affirmer toute la vérité sur la colonisation et les agissements de l'impérialisme affameur dans les différents pays sur lesquels il règne par la terreur et le crime.

Saumane.

AMNISTIE

Chaque fois qu'il y a une pilule amère à faire avaler à ce bon peuple de France, les gouvernements bourgeois de la IIIe République agitent les mânes de l'Amnistie.

C'est ainsi que, dans la première quinzaine de juillet dernier, à la veille du caricatural procès des Oustricards devant la Haute-Cour, le gouvernement, présidé par un renégat du socialisme, l'ondoyant M. Pierre Laval, a fait annoncer par une presse à la dévotion du capitalisme affameur des ouvriers et assassin des peuples coloniaux qu'un projet d'amnistie allait être soumis au Parlement.

Cependant, de part et d'autre, on se gardait bien d'indiquer l'économie de ce projet.

Le 19 juillet, la farce était jouée; la comédie en trois actes de la Haute-Cour avait son dénouement hypocrite devant un public emperlouzé, et depuis tout est dit.

ARCHIVES

Que non! puisque des êtres qui devraient être normalement sous le soleil « bienfaisant » de la Guyane se pavanent dans de luxueuses limousines et que des consciences à qui on ne peut reprocher que leur sublime courage et leur inattaquable probité sont enfermées dans des bagnes ignobles!

Les travailleurs ont leur mot à dire à ce sujet.

Malgré le mystère qui entoure ce projet d'amnistie, le *Cri des Nègres* croit savoir que les délits politiques et ceux visés par l'amendement Gouin, un des leaders du parti S.F.I.O., dont les membres se montrent chaque jour les plus actifs et les plus acharnés bourreaux des populations coloniales et du prolétariat révolutionnaire, en seront exclus.

Le *Cri des Nègres* s'élève à l'avance contre ces actes d'immoralité politique et d'injustice flagrante.

Nous réclamons la libération de Cheikou Cissé, condamné à la déportation perpétuelle pour avoir refusé de subir les exactions de l'impérialisme, et enfermé actuellement dans les bagnes de la Nouvelle-Calédonie; nous réclamons la libération de Ralaimongo et de Rovohangy, condamnés à la résidence forcée pour avoir demandé un peu plus de justice à l'égard de leurs frères malgaches spoliés et maltraités.

Nous demandons l'amnistie pour tous les emprisonnés politiques, et la Ligue de Défense de la Race Nègre invite les travailleurs nègres à se ranger aux côtés de leurs frères, les prolétaires blancs, pour imposer l'amnistie en faveur des vaillants et admirables mutins de Calvi et de nos héroïques camarades indochinois.

Pas d'amnistie au compte-gouttes!

Amnistie pour tous!

La Ligue de Défense de la R. N.

Ce que l'on ne montre pas à l'Exposition Coloniale de Vincennes

Le travail forcé au Togo. — *Entièrement nus, le ventre creux, la chicotte zébrant leurs corps débiles, les nègres travaillent au lancement d'un pont sur la rivière Paléhou. C'est cet esclavage qui a réduit en 20 ans la population de l'A. E. F. de 11 millions à 2 millions et demi.*

Leur crime : Etre Nègres !...

SkotFon V

↑ **Mokassin, Anfang 20. Jh.**
Hersteller*in unbekannt
Karl-May-Museum, Radebeul

Mokassins gehören wie Federschmuck zum europäischen Klischeebild des „Indianers". Der Schuh war Teil der historisch-ethnologischen Abteilung des Deutschen Hygiene-Museums, wie der Stempel auf der Sohle zeigt. Deren Sammlung wurde nach der „I. Internationalen Hygiene-Ausstellung" von 1911 aufgebaut, um die Gesundheitspflege anderer „Völker" abzubilden. Der Schuh gelangte später in das 1928 eröffnete Karl-May-Museum. VS

↑ JOHANNES HÜTTNER (1914–2000)
Federhaube, nach 1960
Indian- und Westernclub Old Manitou 1956 e.V.

Nur wenige nordamerikanische Gruppen trugen traditionell Federschmuck. In Europa gilt die Federhaube allerdings seit den Völkerschauen als Merkmal des „richtigen Indianers". Der Gründer des Dresdner Vereins Old Manitou, Johannes Hüttner, fertigte den Kopfschmuck Anfang der 1960er-Jahre an und besserte ihn immer wieder aus. Er trug die Haube bis in die 1990er-Jahre bei Indianerspielen und Vereinsveranstaltungen. VS

→ Edward Two-Two als Indianerdarsteller, um 1910

Sioux-Völkerschau im Tierpark Hagenbeck bei Hamburg

Tierpark Hagenbeck Hamburg

Der Lakota-Sioux Edward Two-Two (1851–1914) trat 1910 in den Völkerschauen des Tierparks Hagenbeck auf. Der Unternehmer Johan Adrian Jacobsen hatte ihn im Pine-Ridge-Reservat in South Dakota angeworben und an den Hamburger Zoo-Betreiber Carl Hagenbeck vermittelt. Dieser gilt als Erfinder der neuartigen Völkerschau: Waren zuvor „wilde Menschen" in Jahrmarktbuden präsentiert worden, stellte Hagenbeck sie nun in der wissenschaftlichen Institution des zoologischen Gartens aus. Sein 1908 eröffneter Tierpark in Stellingen bei Hamburg verfügte über ein eigenes Gelände für die Aufführungen. Den Höhepunkt der Sioux-Völkerschau bildete ein Überfall auf eine Postkutsche. 1913 nahm der Dresdner Zirkus Sarrasani Edward Two-Two als „Indianerhäuptling" unter Vertrag. Im folgenden Jahr starb er während einer Tournee in Essen. Auf eigenen Wunsch wurde er auf einem katholischen Friedhof in Dresden bestattet. VS

← Korb, 1886

Hersteller*in unbekannt

Zoo Dresden GmbH

Auf den Völkerschauen sollten nachgebaute Dörfer die Illusion ferner Länder vermitteln. Hinter Zäunen abgeschirmt führten die Darsteller*innen Handwerkskunst vor und vekauften selbst gefertigte Souvenirs. Den geflochtenen Korb erwarb eine Frau während einer Völkerschau im Dresdner Zoo von Menschen aus dem südlichen Afrika. Bis 1916 stand er in ihrer Küche, später schenkte ihn die Enkelin dem Zoo. VS

„Carl Gabriel's Oktoberfest Unternehmungen", 1930

Fotoalbum

Münchner Stadtmuseum, Sammlung Puppentheater / Schaustellerei

Carl Gabriel (1857–1931) war ein Schausteller und süddeutscher Konkurrent von Carl Hagenbecks Tierpark bei Hamburg. Der vormalige Besitzer eines Wachsfigurenkabinetts wurde nach 1900 ein erfolgreicher Veranstalter von „Völkerschauen" auf dem Münchner Oktoberfest. Neben Primatenschauen kündigten Werbeplakate Männer, „Weiber" und Kinder bei klischeehaften Tätigkeiten an. Dabei vermischten sie effektvoll Länder- und Kontinentbezeichnungen, um den Anschein von Ferne und Exotik zu verstärken. Reißerisch verhießen sie auch, außergewöhnlichen Körperschmuck „aussterbender Stämme" zu präsentieren. Zum 73. Geburtstag Gabriels dokumentiert das Fotoalbum Kulissenbauten, Schauszenen und Tiere und porträtiert in Nahaufnahmen ausgewählte Darsteller*innen. Auf der sorgfältig beschrifteten Doppelseite ist der Grund des florierenden Geschäfts abgebildet: die gewinnträchtige Sensationslust der Besucher*innen. SW

Innenaufnahme während der Vorstellung. —

Wir dachten, wir besuchen euch. Ihr dachtet: Die schauen wir uns an. Wir dachten, so ist das hier. Ihr dachtet: Da sind sie so. Wir sahen lautes Volk. Ihr saht lauter Völker. Fein getrennt und aufgereiht. Klar definiert und abgemalt. Ihr Narren, ihr, die ihr die Welt in Kisten packt. MSM

← Eleanor Xiniwe, Mitglied des African Choir, 1891

Studio-Porträtfotografie

London Stereoscopic Company

Eleanor Xiniwe entstammt der politisch engagierten Bildungselite Südafrikas. 1891 bis 1893 tourte sie zusammen mit einem in Kirchen und Missionen entstandenen Chor durch Großbritannien, aus dem später führende sozialistische Aktivist*innen und Reformer*innen in Südafrika hervorgingen. Repertoire und Kleidung verbanden traditionell afrikanische Stile mit dem viktorianischen. Um Schwarze Arbeiter*innen zu unterstützen, sollten die Einkünfte in den Bau einer Technischen Hochschule fließen. SW

→ Peter Jackson, Schwergewichtsboxer, 1889

Studio-Porträtfotografie

London Stereoscopic Company

Im Frack ist der Schwergewichtsboxer Peter Jackson aus der Karibik in einem Londoner Fotostudio zu sehen. Wie die Porträts des African Choir widerspricht das Foto den Darstellungen namenloser „Fremder“ auf sogenannten Völkerschauen, die zeitgleich durch europäische Städte tourten. Erstmals war es in der Ausstellungsreihe „Black Chronicles“ zu sehen, mit der die Londoner Agentur Autograph ABP seit 2011 Leerstellen der Kultur- und Fotogeschichte und die britische Kolonialherrschaft thematisiert. SW

→ Musa Bhai, Major der Heilsarmee, 1890

Studio-Porträtfotografie

London Stereoscopic Company

Musa Bhai wurde 1884 in Ceylon [Sri Lanka] Mitglied der Heilsarmee. Der sprachgewandte, mitreißende Prediger kritisierte den Widerspruch zwischen der „British Rule“ und der christlichen Lehre in den Kolonien. Das Foto entstand bei seinem zweiten Aufenthalt in London und wurde 2014 durch das Archivforschungsprojekt von Autograph ABP, „The Missing Chapter“, wiederentdeckt. Es dokumentiert die kulturelle Repräsentation von People of Color in der viktorianischen Gesellschaft, die erst heute zunehmend erforscht wird. SW

3.7 Durch den wilden NOrient

CAN SUNGU

Die Sehnsucht nach fernen, fremden Ländern, in denen man das verlorene Paradies vermutete, hat in Europa Tradition. Man erträumte sich nicht nur das Wunschbild einer vorindustriellen Idylle, sondern auch eines von jeglichen moralischen und gesellschaftlichen Zwängen befreiten Lebens. Eine Fluchtmöglichkeit aus der Zivilisation und Beengung der eigenen Horizonte in grenzenloses Abenteuer, eine Befreiung der Vorstellungskraft aus der Unterdrückung durch gesellschaftliche Moralvorstellungen. Damit einher ging das Bestreben, einerseits die Übergriffe der europäischen Kolonialmacht zu legitimieren, andererseits aber auch sich selbst und die eigenen Werte in Abgrenzung zum „Anderen" zu definieren.

Neben Reise- und Abenteuerliteratur erfreuten sich die Livedarbietungen mit „Menschen fremder Kulturen" in den Völkerschauen unter anderem von Carl Hagenbeck um 1900 großer Beliebtheit. Bald aber wurde diese Exotik-Attraktion mit ihren gigantischen Kulissenbauten, teuren und aufwendigen Ausstattungen und Inszenierungen von einem neuen Konkurrenten abgelöst, der viel besser eine solche „exotische" Traumwelt suggerieren konnte: dem Film. Für die Studiobauten und das Casting waren allerdings weiterhin die Ausstatter*innen der Völkerschauen verantwortlich. Mit der Zeit wurden die Filmausrüstungen leichter und ermöglichten so eine mobile Anwendung außerhalb der Studios. Auch der Wunsch des Kinopublikums nach stärkerer Authentizität zwang die Produzent*innen, Filme immer häufiger an Originalschauplätzen zu drehen. Der „Orient" war nun eines der Lieblingsziele des deutschen Abenteuerfilms.[1] Die durch den europäischen Orientalismus geprägten Darstellungen des „Orients" gerieten zu wilden Phantasmagorien, die bis heute die Wahrnehmung von Völkern des Mittleren Ostens und aus Nordafrika sowie den Blick auf den Islam einschlägig bestimmen.

Unter „Orientalismus"[2] versteht der Kulturhistoriker Edward W. Said nicht nur die akademische Disziplin, sondern auch und insbesondere eine spezifisch europäische *(westliche)* Art des Denkens, das in essenzialistischen Kategorien zwischen dem *Westen* oder der *„westlichen (abendländischen)* Zivilisation" oder einfach zwischen „uns" und einer Konstruktion „des Anderen" unterscheidet, das unter der Kategorie „Orient" zusammengefasst wird. Der Begriff steht nicht für einen geografisch exakt zu definierenden Raum, sondern für eine kulturelle Sphäre oder einen ethnischen Werteraum. Unter den zahlreichen Motiven, die ihn charakterisieren sollen, sind zwei besonders markant: Immer wieder wird behauptet, dass der „Orient" einerseits ein Ort lüsterner Sinnlichkeit und andererseits seiner Natur nach durch Gewalt gekennzeichnet sei.[3]

Oft repräsentiert eine schöne, geheimnisvolle Frau die Fremde, der es sich zu bemächtigen gilt, oder der „Orient" wird auf ein Interieur, den *Harem*, begrenzt. Der „Orient" steht für das große Versprechen erotischer Abenteuer und für eine Flucht in eine romantische, paradiesische Welt des Genusses, in der es sinnliche Lust in großer Fülle gibt. Im Gegensatz dazu wird der „orientalische Mann“ vor allem als gewalttätig, brutal, grob und unzivilisiert dargestellt, und seine überdimensionale Männlichkeit verbindet sich meist mit seiner minder ausgebildeten analytischen Intelligenz. Er ist nämlich nicht nur dumm und unausgebildet, sondern auch faul und dadurch unfähig, seine Macht unter Kontrolle zu halten oder zielführende Entscheidungen zu treffen. Die *weiße* Herrschaft wird so legitimiert: Der *weiße* europäische Mann bringt Zivilisation, rettet die Guten und bestraft die Bösen.

Der Kurzfilm „Durch den wilden NOrient“ bringt ausgewählte Ausschnitte aus zahlreichen deutschen Abenteuerfilmen zusammen und etabliert damit eine neue Narration des (Nicht-) Orients. In diesem dekonstruierten filmischen Universum irren die Stereotype durch Zeiten, Landschaften und Bilder. Es ist ein spielerischer Kommentar zu den Machtverhältnissen, die unsere Gegenwart immer noch prägen.

1 Einige deutsche Produktionen, deren Schauplatz der „Orient“ ist, sind zum Beispiel „Sumurun“ (1920) von Ernst Lubitsch, „Die Frauengasse von Algier“ (1927) von Wolfgang Hoffmann-Harnisch, „Saison in Kairo“ (1933) von Reinhold Schünzel, „Durch die Wüste“ (1938) von Johann Alexander Hübler-Kahla, „Die Geschichte vom kleinen Muck“ (1953) von Wolfgang Staudte, „Die Sklavenkarawane“ (1958) von Georg Marischka, „Inshalla. Razzia am Bosporus“ (1962) von Carl Möhner, „Camp der Verdammten“ (1962) von Ernst von Theumer und „Durchs wilde Kurdistan“ (1965) von Franz Josef Gottlieb.

2 Vgl. Edward W. Said: *Orientalismus*, Frankfurt am Main 2009.

3 Vgl. Rana Kabbani: *Mythos Morgenland*, München 1993, S. 20.

Wer wol
wir zusa
sein?

en
mmen

4

Wir leben in einer Gesellschaft, die von kultureller, religiöser und sozialer Vielfalt geprägt ist, in der zahlreiche Menschen eine Migrationsgeschichte haben. Dennoch gibt es in unserer Gesellschaft immer noch das Phänomen des Rassismus: im Alltag, in der Schule, im Film oder in der Politik – und auch in unseren eigenen Köpfen.

Rassismus behandelt Menschen nicht als Individuen, sondern als Angehörige einer Gruppe. Rassistisches Denken und Handeln unterstellt, dass sich aus dieser vermeintlichen Gruppenzugehörigkeit unveränderliche Eigenschaften, Fähigkeiten oder Charakterzüge ableiteten. Die eigene Gruppe wird dabei meist als höherwertig begriffen. Rassismus ist bequem: Die unübersichtlicher werdende Welt lässt sich so in ein einfach erscheinendes Ordnungsschema einfügen – und sich selbst auf der Gewinnerseite wähnen.

Solche rassistischen Vorannahmen sind tief im kollektiven Wissen und Empfinden verankert. Unbewusst oder unausgesprochen gehören sie zum Regelwerk einer gesellschaftlichen Ordnung, die über Menschen in unserem Land bestimmt: durch verletzende Alltagserfahrungen, aber auch durch erschwerte Berufs- und Karrierewege. Wie kann es gelingen, derartige diskriminierende Strukturen abzubauen? Wie können wir die Teilhabe an unse-

rer Gesellschaft für alle ermöglichen? Wie ließen sich Spielregeln für ein Zusammenleben gemeinsam festlegen? Wie könnte ein neues Leitbild aussehen, auf das wir uns alle zu einigen vermögen?
Der letzte Raum der Ausstellung versteht sich mit seiner fließenden raumgreifenden Architektur, die gleichzeitig offene und intime Räume schafft, als eine Art Kontaktzone. Er ist als Ort des Dialogs, des gemeinsamen Gesprächs konzipiert, an dem sich die Besucher*innen am Beispiel der hier gezeigten Filme und Videoinstallationen noch einmal über die Themen der Ausstellung austauschen können.
Um neue Denkräume zu eröffnen, müssen zukunftsweisende Debatten über unsere postmigrantische Gesellschaft von unterschiedlichen Perspektiven geprägt sein. Dabei werden wir auch kontroverse Diskurse aushalten müssen: Was verbindet uns? Was trennt uns? Wer wollen wir zusammen sein?

GS

DIÉBÉDO FRANCIS KÉRÉ

*1965 in Gando, Burkina Faso; deutscher Architekt. Diébédo Francis Kéré studierte an der Technischen Universität Berlin; 2005 gründete er Kéré Architecture. Seine architektonische Arbeit ist national und international mit diversen Preisen ausgezeichnet worden, darunter dem Aga Khan Award for Architecture (2004), den er für sein erstes Gebäude gewann: eine Grundschule in seinem Geburtsort Gando, Burkina Faso. Neben der weltweiten Umsetzung von Bauprojekten, unter anderem in Burkina Faso, Mali, Deutschland und in der Schweiz, hat Kéré sich mehreren Lehraufträgen gewidmet. Seit Oktober 2017 ist er Professor an der Technischen Universität München. Darüber hinaus lehrt er an der Accademia di Architettura di Mendrisio und an der Harvard Graduate School of Design. Kéré ist bekannt für die Entwicklung innovativer Konstruktionsstrategien, die traditionelle Materialien mit modernen Bautechniken verbinden. Seine Arbeiten haben zuletzt Einzelausstellungen im Architekturmuseum in München und im Philadelphia Museum of Art (beide 2016) thematisiert. Davor waren seine Werke unter anderem in den Gruppenausstellungen „Small Scale, Big Change. New Architectures of Social Engagement“ (2010) im Museum of Modern Art, New York, und „Sensing Spaces“ (2014) in der Royal Academy, London, zu sehen.

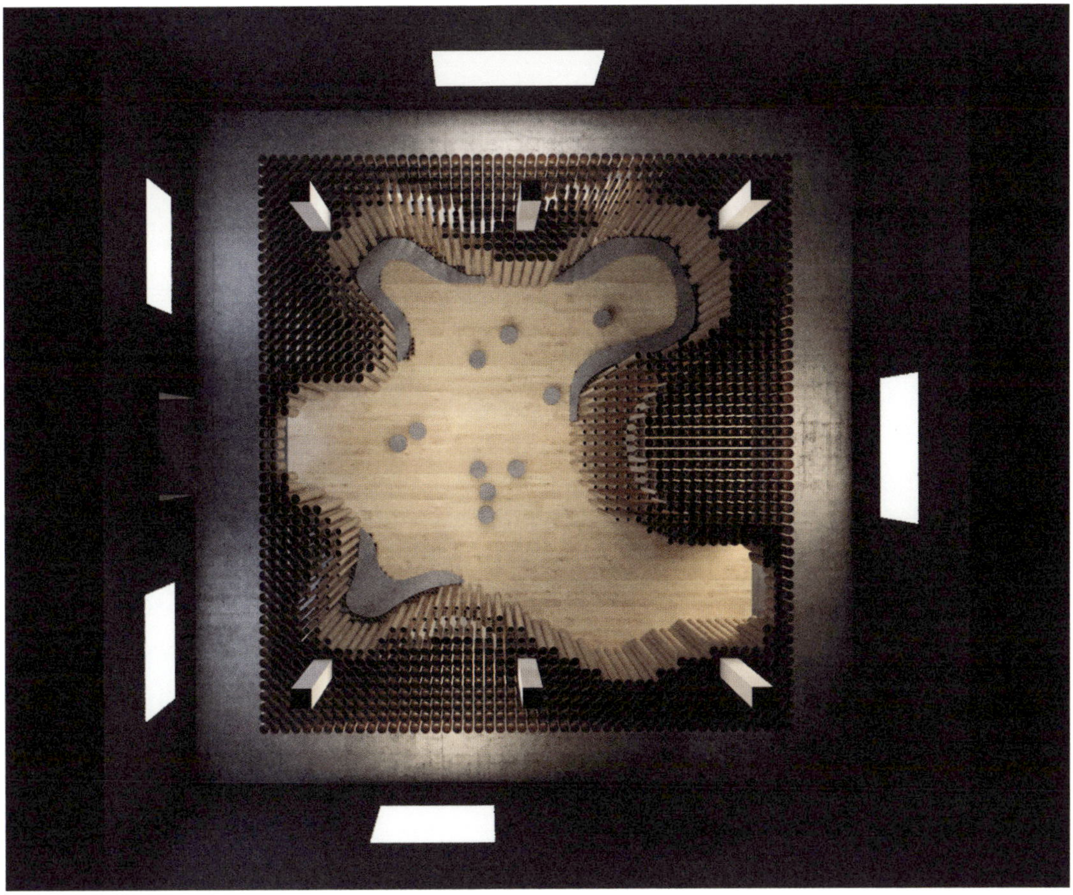

„Es bedarf der Inspiration, damit Menschen vorankommen: Sie benötigen Bauwerke, um ihre Kreativität zu steigern und sie zu ermutigen, ihre Zukunft in die eigenen Hände zu nehmen."

Diébédo Francis Kéré

Der Pavillon
Grafik für Raum 4 der Ausstellung „Rassismus. Die Erfindung von Menschenrassen", 2018, Blick von oben

Der Pavillon
Skizze für Raum 4 der Ausstellung „Rassismus. Die Erfindung von Menschenrassen“, 2018

Der Pavillion

DIÈBÈDO FRANCIS KÉRÉ

Einfachste Materialien, sich aneinanderreihende Papprohre, formen die Raumskulptur, mit der ich die Besucher*innen zum Diskutieren und vor allem Reflektieren einladen möchte.

Basierend auf traditionellen architektonischen Formen und Praktiken aus meiner Heimat im ländlichen Westafrika weist diese architektonische Installation Analogien zu Baumkronen auf. Sie bilden das Dach, den geschützten Raum und sozialen Mittelpunkt des dörflichen Lebens. Hier trifft sich die Gemeinschaft, teilt das Erlebte, erzählt Geschichten.

Ähnliches geschieht im Raum des Museums. Die Übersetzung des Baums in diese Architektur besteht im Wesentlichen aus einem Dach, das wie ein rechteckiger Schirm über die Papprohrwände ausragt. Die Papprohre haben abwechselnd unterschiedliche Durchmesser und schaffen so eine Verbindung zwischen Innen- und Außenraum. An den Museumswänden befinden sich Bildschirme, die von in die Außenwand integrierten Sitzbänken aus betrachtet werden können. Die dort aufkommenden Fragen: „Was verbindet uns?“, „Was trennt uns?“, „Wer wollen wir zusammen sein?“ sollen die Besucher*innen im Inneren zum Austausch anregen, während sie unter dem Dach sitzen. Generell verstehe ich die Raumskulptur für diese Ausstellung als einen symbolischen Mittelpunkt für Kommunikation.

MO ASUMANG

*1963 in Kassel; Filmemacherin und Künstlerin. Christoph Schlingensief holte Mo Asumang 2001 und 2003 für sein Projekt „Lovepangs" nach Berlin und Frankfurt am Main. 2007 gab sie ihr Regiedebüt mit dem Dokumentarfilm „Roots Germania", der 2008 für den Adolf-Grimme-Preis nominiert wurde. Ihr weltweit prämierter Dokumentarfilm „Die Arier" (2014) bietet bestürzende Blicke in die rechte Szene und den Ku-Klux-Klan; er setzt sich mit dem „Arier"-Mythos auseinander und mit der Frage: „Wie reagieren Rassisten, wenn sie vor einer Afrodeutschen stehen?" Mo Asumangs Sachbuch *Mo und die Arier. Allein unter Rassisten und Neonazis* erschien 2016 – es wurde ein Bestseller.

Still aus dem Film „Roots Germania" (2007)
Zitate von Neonazi-Anwalt Jürgen Rieger und Mo (2006): „Rassenmischung ist ein Verbrechen an den Menschen. Ein NPD-Typ in Mecklenburg-Vorpommern wurde mal gefragt: ‚Was würden Sie denn sagen, wenn Ihre Tochter 'nen Neger heiraten würde?' Also wenn Sie mich dazu fragen, ich würde mit der Tochter total brechen". „Sie könnten Ihre Tochter verstoßen", frage ich ihn, „nur weil sie jemanden heiratet, der 'ne andere Hautfarbe hat?" „Ja, das würde ich. Das wäre praktisch das Abschneiden des Erbfadens, das Abschneiden der Wurzel oder so. Das wäre das Schlimmste überhaupt."

Still aus dem Film „Mo und die Arier" (2014)
Zitate von einem Mitglied des Ku-Klux-Klan, USA: „Wir zünden ein Kreuz an". „Warum?", frage ich. „Für Jesus Christus, der aus der Dunkelheit ins Licht ging". „Jesus liebt auch die Schwarzen. Glauben Sie nicht?", sage ich. Der KKK-Mann schweigt, nur seine Mütze wackelt, von rechts nach links, verzweifelt nach vorn, nach hinten.

„help me“ (chapter 01)

Triptychon, Videoinstallation, 11 Min., 2018

MO ASUMANG

Ich habe wegen meiner Hautfarbe Morddrohungen erhalten.
Seitdem treffe ich mich mit Rassisten und stelle ihnen die Fragen: Wer seid ihr? Warum tut ihr das, was ihr tut?
Denn: Ich bin eine Deutsche, bin in Deutschland geboren, bin hier zur Schule gegangen, habe hier meine Freund*innen und Familie. Warum gibt es trotzdem Menschen, die mir all das absprechen und mir sagen, ich solle aus Deutschland verschwinden? Ich bin der Meinung, dass Rassismus sinnlos ist. Denn:
Es gibt keine Menschenrassen. Der MENSCH ist „die *RASSE*“! (Oder präziser gesagt: eine Art.)
Von außen betrachtet würden viele das, was ich mit meiner Hautfarbe im Alltag erlebe, Rassismus nennen; manche würden diese Erfahrungen als einen Ausdruck von Fremdenfeindlichkeit ansehen; wieder andere bezeichnen sie als eine extreme Form des Mobbings. Nach zahlreichen meiner leidvollen Treffen mit Rassisten weltweit ist mir nochmals bewusster geworden: Rassismus wird verübt von Menschen, die „den Anderen“ aus unterschiedlichsten Beweggründen klein machen, ausgrenzen, über ihn Macht ausüben wollen, die ihnen das Selbstbewusstsein rauben oder sogar das Leben – weil sie angeblich weniger wert sind als sie selbst.
Wir sollten künftig im Alltag mit dem Begriff Rassismus differenzierter umgehen, noch genauer erforschen, was und vor allem wer sich dahinter verbirgt – und schließlich auch uns fragen: „Wer sind wir selbst, welche Rolle können wir selbst übernehmen, um Veränderungen zu bewirken?“
Irgendwann habe ich dann aufgehört, die Wut, den Hass der Rassisten widerzuspiegeln.
Ein Gedanke liegt mir inzwischen sehr am Herzen; diesen Gedanken möchte ich in die Welt hinaustragen: Ich will trotz des Hasses, der Wut und der Gewalt der Rassisten gegen mich niemals verlernen, ich selbst zu sein und zu bleiben.
Das Gegenmittel gegen Rassismus bin ich selbst.
Mit meiner Videoinstallation „‚help me‘ (chapter 01)“ nehme ich die Betrachter*innen mit in die Abgründe und Absurditäten des Rassismus. Die Installation geht konzeptionell noch einen Schritt weiter als meine Filme „Roots Germania“, „Die Arier“ oder das Buch „Mo und die Arier“:
„‚help me‘ (chapter 01)“ wird zum Selbstversuch der Betrachter*innen.
Diese möchte ich mit der Videoinstallation „‚help me‘ (chapter 01)“ in die Lage versetzen, sich in einer Ausnahmesituation zu erfahren und dabei zu erspüren, welche Möglichkeiten zur Veränderung in ihnen selbst schlummern.

MO ASUMANG

„help me" (chapter 01), 2018

Triptychon, Videoinstallation, 11 Min.

Linke Seite der Videoinstallation

Filmaufnahmen von Mo Asumang in unterschiedlichen Körperhaltungen; manchmal ist nur ihr Gesicht zu sehen.

Mitte der Videoinstallation

Im Zentrum des Triptychons stehen unterschiedlichste Szenen aus Mo Asumangs Filmen, rassistische Pöbeleien gegen und Angriffe auf die afrodeutsche Künstlerin, Aufmärsche von Neonazis und des Ku-Klux-Klan sowie Verschwörungstheorien über die *weiße* Rasse.

Rechte Seite der Videoinstallation

Filmaufnahmen von Chris, einem Aussteiger aus der Dresdner Neonazi-Szene, mit dem Mo Asumang befreundet ist; er wird in unterschiedlichen Körperhaltungen gezeigt; manchmal ist nur sein Gesicht zu sehen.

Thema

Vor der Videoinstallation „‚help me' (chapter 01)" stehend werden die Betrachter*innen direkt, Auge in Auge, mit den Rassisten in der Mitte der Filminstallation konfrontiert. Durch den Zusammenschnitt der Filmszenen im Zentrum können sie erspüren, wie sich Rassismus auf der eigenen Haut anfühlt. Angesichts von „‚help me' (chapter 01)" müssen sie sich fragen: „Wie ist es eigentlich möglich, rassistische Realität zu ertragen?" Doch nun der Selbstversuch: Auf den Tisch vor dem Filmtriptychon sind die Umrisse zweier Händen gezeichnet. Indem sie ihre eigenen Hände dort auflegen, können sich die Besucher*innen mit Mo Asumang und dem Neonazi-Aussteiger Chris emotional verbinden. Die Fingerspitzen der aufgelegten Hände der Besucher*innen zeigen in Richtung der Bilder von Mo und Chris, während fortlaufend absurde, krude Szenen verschiedener rassistischer Anfeindungen auf der mittleren Leinwand zu sehen sind. Jede/r Betrachter*in soll oder könnte sich fragen: „Wer könnten wir zusammen sein?" Wer von all den Beteiligten denkt eigentlich den (Titel-)Satz: „help me"?

JOHN A. UND JOSHUA KANTARA

John A. Kantara *1964 in Bonn; Regisseur, Autor, Journalist und Politikwissenschaftler. John A. Kantara erhielt 1991 sein Diplom der politischen Wissenschaften an der Freien Universität Berlin. Er war Mitgründer der Initiative Schwarze Menschen in Deutschland e.V. 1993 bis 2000 arbeitete er als Redakteur bei DIE ZEIT-TV. Seit 2000 schreibt er als freier Journalist und TV-Autor für in- und ausländische Zeitungen; seit 2011 lehrt er als Professor für Journalismus an der Dekra-Hochschule Berlin. Den Georg von Holtzbrinck Preis für Wissenschaftsjournalismus erhielt er 2012, den Otto Brenner Preis für kritischen Journalismus 2013.

Joshua Kantara *2002 in Berlin; YouTuber und Gymnasiast. Joshua Kantaras Leidenschaften sind das Filmemachen und das Erarbeiten aufwendiger Special Effects & Motion Graphics. Schon mit 13 Jahren machte er sich mit Filmen über das Thema Multikulti Gedanken. Er dreht YouTube-Filme für seinen Kanal „Jey Key“ mit Großformatkameras, Drohnen und einem OSMO-Gimbal. Mit den Schnittsoftwares „Final Cut Pro“ und „Premiere After Effects“ setzte er eigene Projekte um. Zurzeit arbeitet er an Kurzfilmen und Musikvideos.

„Afro.Talk" – 3 Generationen im Gespräch

Filmcollage, 15 Min., 2018

JOHN A. KANTARA

Rassismus in Deutschland hat eine lange Tradition. Während des Kolonialismus der Kaiserzeit setzte sich die Idee des „Herrenvolkes" durch, das durch seine angeblich gottgegebene „rassische" Überlegenheit über die „wilden", „kulturlosen" und „primitiven" Völker des globalen Südens herrschen sollte. Diese wirkmächtige koloniale Idee der Überlegenheit der *weißen* „arischen" *Rasse* führte im Deutschen Reich von 1920 bis 1925 zur Kampagne gegen die „Schwarze Schande". Das war eine beispiellose rassistische Bewegung, die sich gegen Kinder französischer Kolonialsoldaten, „Rheinlandbastarde" genannt, richtete, die die Besatzungssoldaten mit deutschen, also *weißen*, Frauen nach dem Ende des Ersten Weltkriegs im Rheinland gezeugt hatten. Ab 1937 sind 500 Zwangssterilisationen von Afrodeutschen aktenkundig. Unmittelbar nach dem Zweiten Weltkrieg wurden in den drei westlichen Besatzungszonen die ersten „War Babies", Kinder Schwarzer britischer und US-amerikanischer Besatzungssoldaten, geboren. Bis 1955 zählten deutsche Behörden circa 10.000 Schwarze „Besatzungskinder", die von ihren *weißen* deutschen Müttern zumeist in Kinderheime gegeben wurden. In den 1960er-Jahren, während eines Höhepunktes des Ost-West-Konflikts, hielten sich viele afrikanische Student*innen mithilfe von Stipendien in West- und Ostdeutschland auf. In den Folgejahren kamen Tausende afrodeutsche Kinder und Kindeskinder zur Welt. So ist über Generationen eine kleine, aber sichtbare afrodeutsche Minderheit in Deutschland gewachsen, die mit der immer noch wirkmächtigen Idee von der „Überlegenheit der *weißen* Rasse" konfrontiert wird.

Vor diesem Hintergrund erzählt der Film „Ein Drei-Generationen-Gespräch" die Lebensgeschichte des heute 93-jährigen afrodeutschen Theodor Wonja Michael. Er berichtet aus seiner sehr persönlichen Perspektive von 130 Jahren deutschem Rassismus. John A. Kantara, afrodeutscher Filmemacher, ist seit über zwanzig Jahren mit Theodor befreundet. Sein Sohn Joshua, ein 16-jähriger YouTuber, kennt Theodor schon sein ganzes Leben lang. Im Gespräch der drei Generationen geht es um das Thema Rassismus in Deutschland: Inwieweit gibt es eine rassistische Kontinuität in Deutschland? Wie drückt sich diese aus (Pegida, AfD)? Was hat sich im Laufe von Generationen verändert? Wie wird es in Deutschland weitergehen?

Weiße Mutter, Schwarzer Vater

Textauszug aus: *Deutsch sein und Schwarz dazu. Erinnerungen eines Afro-Deutschen*, München 2013

THEODOR WONJA MICHAEL

Meine Mutter stammte aus dem kleinen Dorf Jersitz nahe der Provinzstadt Posen, aus einer Familie von preußischen Handwerkern und Kleinbauern. Es muss schon eine kleine Revolution gewesen sein, dass sie 1910, 25-jährig, nach Berlin ging [...]. Und dort traf sie meinen Vater, der aus einem ganz anderen Teil der Welt stammte. [...] Theophilius Wonja Michael war eine große markante Erscheinung mit edlen afrikanischen Gesichtszügen. [...] Er wurde am 14. Oktober 1879, vor Beginn der deutschen Kolonialherrschaft, in Victoria, im Bimbialand, an der Atlantikküste Kameruns geboren. [...] Seine Anwesenheit in Berlin ist ab 1903 gesichert. Er sollte Priester werden, flüchtete deswegen nach Deutschland. Das war ihm möglich, weil er als Einwohner der „deutschen Schutzgebiete" einen entsprechenden Pass hatte. Mit seiner ersten deutschen Frau, [meiner Mutter] Martha, hatte er vier Kinder. [...] Sie starb 1926, ein Jahr nach meiner Geburt. Um Geld zu verdienen trat [mein Vater] mit seinen Kindern unter anderem in der Völkerschau des Zirkus Holzmüller auf. Für die deutschen Afrikaner war dies neben der Komparserie beim Stummfilm eine der wenigen Verdienstmöglichkeiten, da ihnen ja bürgerliche Berufe verschlossen blieben. In diesen Völkerschauen sollten wir das sein, was sich die Menschen in Europa damals unter „Afrikanern" vorstellten, ungebildete, mit Baströckchen bekleidete, „kulturlose Wilde". [...] Mein Vater konnte die Familie nicht zusammenhalten und musste uns Kinder in fremde Hände geben. [Er] starb 1934, im Alter von 55 Jahren.

Theodor Wonja Michael *1925 in Berlin. Der Sohn des Kameruner Kolonialmigranten Theophilius Wonja Michael und dessen deutscher Ehefrau Martha konnte wegen der „Nürnberger Rassengesetze“ keine Ausbildung beginnen. Seinen Lebensunterhalt verdiente er sich als Zirkusdarsteller und als Komparse in Kolonialfilmen der UFA. Nach 1945 arbeitete er als Zivilangestellter bei den US-amerikanischen Besatzungstruppen. Schließlich holte er das Abitur nach, studierte unter anderem Politikwissenschaften in Hamburg und Paris und erhielt einen Abschluss als Diplom-Volkswirt. Theodor Wonja Michael wurde Chefredakteur der Zeitschrift Afrika Bulletin. Er war Berater der SPD, Lehrbeauftragter für die Deutsche Stiftung für Internationale Zusammenarbeit und Beamter beim Bundesnachrichtendienst. 2018 erhielt er das Bundesverdienstkreuz.

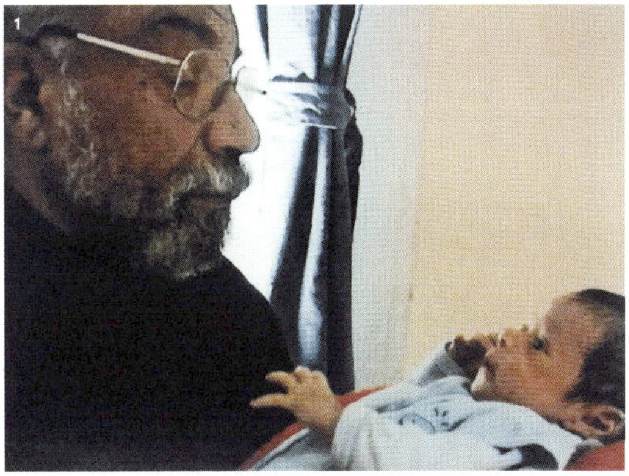

1 Theodor Wonja Michael (*1925 in Berlin) und der heutige YouTuber Joshua Kantara, 2002

2 Der Vater von Theodor Wonja Michael
Theophilius Wonja Michael, ein Kameruner Kolonialmigrant, mit Ehefrau Martha, geb. Wegener, Berlin, um 1915

3 Medaille der Kampagne gegen die „Schwarze Schande“, 1920
Sie war eine beispiellose rassistische Kampagne im Deutschen Reich von 1920 bis 1925, die sich gegen die Kinder französischer Kolonialsoldaten, „Rheinlandbastarde“ genannt, richtete, die die Besatzungssoldaten mit deutschen *weißen* Frauen nach dem Ende des Ersten Weltkriegs im Rheinland gezeugt hatten.

BARBARA LUBICH

*1977 in Trento, Italien; Videokünstlerin und Filmemacherin. Barbara Lubich, die in Dresden lebt, wohnte bis zu ihrem 21. Lebensjahr in Italien. Sie studierte Soziologie in Italien und Deutschland und promovierte in Geschichtswissenschaft. Ihre Arbeit umfasst Dokumentarfilme, Installationen und interdisziplinäre Kooperationsprojekte. In dem Dokumentarfilm „Come Together. Dresden und der 13. Februar" (2012) setzt sie sich unter anderem mit der rechtsextremen Instrumentalisierung eines historischen Datums auseinander.
„Wann wird es endlich wieder Sommer?" (2017) erzählt von den musikalischen und persönlichen Begegnungen einer Gruppe von Musikern, die ein Integrationsprojekt in die Musikgruppe Banda Internationale verwandelt haben. Barbara Lubichs Arbeiten wurden etwa auf der KunstFilmBiennale Köln, dem Kasseler Dokumentarfilm- und Videofest, dem DOK Leipzig, dem Festival Videodanza Buenos Aires, in Hellerau – Europäisches Zentrum der Künste Dresden, Ausstellungen des Deutschen Hygiene-Museums und der Staatlichen Kunstsammlungen Dresden präsentiert. Sie ist Gründungsmitglied des Kulturorts Zentralwerk Dresden und Gesellschafterin von hechtfilm Filmproduktion, einem Kollektiv von Filmemacher*innen.

YOUR GAZE – DEIN BLICK

Videofilm, 16:9, 8 Min., 2018

BARBARA LUBICH

Kreativität hat keine Heimat. Sie ist Ausdruck einer Menschheit in ständiger Bewegung und Veränderung. Und doch: Wenn eine Schwarze Ballerina, ein *weißer* B-Boy oder eine asiatische Violinistin die Bühne betreten, wenn eine Schwarze Schauspielerin einen Oscar gewinnt oder ein Schwarzer Germanistikstudent Bertolt Brecht rezitiert, wird diese Tatsache oft als „Aneignung von Kultur" tituliert. Ich bezeichne solche Auftritte als „Sternstunden der Menschheit". Der oder die Einzelne behauptet sich und führt hier die ungeschriebenen Regeln des Miteinanders vor Augen. Der Umgang mit und die „Bewertung" des „äußeren Anders-Seins", der Hautfarbe sind kulturell geprägt. Durch veränderte Sehgewohnheiten können bisherige Rollenerwartungen an „den Anderen" überschrieben und neu definiert werden.

Kulturprodukte menschlicher Tätigkeit interessieren mich vor allem dann, wenn sie sich eindeutigen Zuschreibungen entziehen (wie Nation, Gender, Hochkultur, Pop). Noch mehr interessieren mich die Menschen. Es gibt Menschen, die in ihren Biografien und in dem, was sie tun, die Trennung zwischen dem Fremden und dem Eigenen aushebeln. Sie sind keine Ausnahmeerscheinungen, sondern nur offensichtliche Beispiele für eine ganz normale Hybridität unserer Gesellschaft.

Ob dank spektakulärer oder alltäglicher Beispiele – jeder und jede erlebt hin und wieder die „Willkür" des eigenen Blicks. Der Blick bestimmt, was das Eigene des Gegenübers ist. Die Definition des Eigenen liegt nicht immer in *eigener* Hand. Das erfahren wir insbesondere, wenn wir in der Position des Gegenübers sind. Innerhalb eines solch paradoxen Verhältnisses von Eigenem und Fremdem ist es seltsam, den Anspruch zu erheben, Fremdheit bestimmen zu können. Und doch tun wir das. In welche Schubladen stecken wir „den Anderen"? Und was tun wir, wenn wir uns dabei ertappt fühlen?

Irren ist menschlich. Die Frage ist nur, was kommt nach dem Sich-Irren? Eine Möglichkeit wäre es, wenn einem in solchen Situationen spontan ein „reflexives" Lächeln über die Lippen käme: über sich selbst. Die eigene Fehlbarkeit würde so zu einem offeneren, unverkrampften Umgang miteinander beitragen.

BARBARA LUBICH

YOUR GAZE – DEIN BLICK, 2018

Videofilm, 16:9, 8 Min.

In meinem Film üben Menschen verschiedene Tätigkeiten aus und werden dabei in jeweils drei Einstellungen gezeigt. Die Einblendung möglicher biografischer Angaben beendet jede von ihnen. Gehören Lebenslauf und Bild zusammen oder nicht? Diese Frage bleibt für die Zuschauer*innen zunächst offen. Die drei Einstellungen zeigen drei mögliche Biografien der jeweiligen Person. Nur eine Version entspricht der Wirklichkeit zu 100 Prozent.
Ich möchte dem Publikum eine spielerische Konfrontation mit den eigenen Erwartungen und Vorurteilen ermöglichen: „Haben Sie die richtige Biografie erraten? Oder waren Sie Opfer Ihrer eher traditionellen Sehgewohnheiten?" In der letzten Minute des Films wird das Rätsel „Wer ist wer?" aufgelöst.

Welche Biografie gehört zu welcher Person? Was meinen Sie?

PERSON 1

A Tänzer aus Syrien, lebt seit 2015 in Dresden und möchte hier seine Karriere fortsetzen.

B Italienischer Filmemacher. Der Wechsel von Sizilien nach Deutschland 1998 war nicht einfach. Heute fühlt er sich wohl.

C Kulturmanager aus Aserbaidschan.

PERSON 2

A Er ist in Dresden als Makler tätig und wurde in Russland geboren. Seine Muttersprache ist Russisch.

B Er wurde in Karl-Marx-Stadt geboren und ist in der Hardcore-Musikszene als Booker tätig.

C Er wurde in Karl-Marx-Stadt geboren und ist als Wissenschaftsmanager in Stuttgart tätig.

PERSON 3

A Sie ist eine Illustratorin aus dem Iran. Seit 1994 lebt sie in Dresden. Ihre Hauptsprache ist Italienisch.

B Die französische Architektin lebt seit 2010 in Deutschland.

C Die italienische Reiseführerin lebt seit 1985 in Deutschland, seit 1994 in Dresden.

PERSON 4

A Die Pianistin lebte von ihrer Geburt bis 1997 in Dresden, ihre Muttersprache ist Deutsch. Sie versteht Vietnamesisch, spricht es aber nicht.

B Sie ist eine japanische Violinistin, die seit 2006 in Dresden lebt.

C Die Koreanerin hat ihre Ausbildung an der Palucca-Hochschule für Tanz in Dresden absolviert und ist als Lehrerin für Eurythmie tätig.

PERSON 5

A Sie hat einen palästinensisch-libanesischen Vater. Ihre Mutter ist Russin. Geboren wurde sie in Dresden, wo sie als Harfenistin tätig ist.

B Sie ist Österreicherin, hat ihre Ausbildung in klassischer Musik hinter sich gelassen und betreibt einen Technoclub in Dresden.

C Die rumänische Malerin hat eine russische Mutter und lebt seit 2012 in Dresden.

Auflösung:

Vazeh Mustafa: 1 C, Ulf Engert: 2 C, Nazanin Zandi: 3 A, Emily Yabe: 4 B, Aline Khouri: 5 A

PERSON 1

PERSON 2

PERSON 3

PERSON 4

PERSON 5

Die Autor*innen

LUNA ALI (LA) studiert Anthropologie an der Universität Leipzig und engagiert sich als Autorin und Festival-Kuratorin für eine machtkritische Kulturpraxis. Als Vertreterin der BPoC-Hochschulgruppe beteiligt sie sich an der Kommentierung der Ausstellung „Rassismus. Die Erfindung von Menschenrassen".

JOSEPHINE APRAKU (JA) ist Afrikawissenschaftlerin und gründete zusammen mit Jule Bönkost das Institut für diskriminierungsfreie Bildung in Berlin. Seit 2016 leitet sie beim Antirassistisch-Interkulturellen Informationszentrum ARiC Berlin e. V. das Bildungsprojekt „Hier und Jetzt! Kolonialrassismus im Unterricht".

MO ASUMANG ist Filmemacherin, Autorin und Künstlerin. Sie führt seit 2002 weltweit Gespräche mit Rassisten, Neonazis und Mitgliedern des KuKluxKlans. Sie möchte mit ihrer Videoinstallation „help me (chapter 01)" in der Ausstellung Menschen mit gegensätzlichen Auffassungen dazu veranlassen, ebenfalls miteinander ins Gespräch zu kommen. Diese Videoinstallation ist der Auftakt zu einem mehrteiligen Werk, das sich dem Rassismus entgegenstellt.

MANUELA BAUCHE (MB) ist Historikerin mit Schwerpunkten in Medizin-, Kolonial- und Globalgeschichte. Derzeit forscht sie am Museum für Naturkunde, Berlin, über die Geschichte naturkundlicher Expeditionen im Kalten Krieg. Ihre Dissertation *Medizin und Herrschaft. Malariabekämpfung in Kamerun, Ostafrika und Ostfriesland (1890–1919)* erschien 2017. Sie war und ist an mehreren Bildungsprojekten beteiligt, die sich mit öffentlicher Erinnerung an den deutschen Kolonialismus beschäftigen, unter anderem an www.kolonialismusimkasten.de.

BO ist eine *weiße* akademische Aktivistin aus Dresden, die in der politischen, vor allem rassismuskritischen sowie postkolonialen und feministischen Bildungsarbeit tätig ist.

TIPHAINE CATTIAU (TC) ist Mitarbeiterin am Ausstellungsprojekt „Rassismus. Die Erfindung von Menschenrassen". Die Künstlerin und Forscherin promovierte im Rahmen einer binationalen Betreuung in den Fächern Bildende Künste & Kunstwissenschaft in Paris und Kunstgeschichte in Dresden. In diesem Kontext gründete sie 2012 das (nicht-)fiktive Kunst-Unternehmen „Urban Memory. Reload Company". Seit 2015 arbeitet sie im Museumsbereich.

CHRISTIAN GEULEN (CG) hat eine Professur für Neuere und Neueste Geschichte an der Universität Koblenz-Landau. Seine Forschungsgebiete sind Geschichte moderner politischer Ideologien (Rassismus, Nationalismus, Kolonialismus), Ideen- und Wissensgeschichte sowie historische Semantik und Begriffsgeschichte des 20. Jahrhunderts.

NICOLAS GRANGE (NG) ist ein französischer Fotograf und Filmemacher. Der Mitbegründer der Kunstintervention „Africa is the Future" lebt in Paris.

HATIKVA E.V. (HAT) ist seit 1992 eine Bildungs- und Begegnungsstätte für jüdische Geschichte und Kultur in der Dresdner Neustadt. Ihre politische, historische und kulturelle Bildungsarbeit umfasst bereits zahlreiche Projekte zu den Themen jüdische Religion, Kultur und Geschichte sowie Antisemitismus. Das Team besteht aus Pädagog*innen, Historiker*innen und Politikwissenschaftler*innen.

JOHN A. KANTARA ist Regisseur, Autor, Journalist und Politikwissenschaftler. Er war Mitgründer der Initiative Schwarze Menschen in Deutschland e. V., seit 2011 lehrt er als Professor für Journalismus an der Dekra- Hochschule Berlin. Den Georg von Holtzbrinck Preis für Wissenschaftsjournalismus erhielt er 2012, den Otto Brenner Preis für kritischen Journalismus 2013.

NATASHA A. KELLY (NAK) ist promovierte Kommunikationswissenschaftlerin und Soziologin mit den Forschungsschwerpunkten (Post-)Kolonialismus und Feminismus. Die freie Autorin, Kuratorin und Dozentin arbeitet für zahlreiche Institutionen im In- und Ausland.

DIÉBÉDO FRANCIS KÉRÉ ist ein deutscher Architekt. 2005 gründete er „Kéré Architecture". Seine architektonische Arbeit ist national und international mit diversen Preisen ausgezeichnet worden. Seit Oktober 2017 ist er Professor an der Technischen Universität München. Kéré ist bekannt für die Entwicklung innovativer Konstruktionsstrategien, die traditionelle Materialien mit modernen Bautechniken verbinden.

CHRISTIAN KOPP ist Historiker, Ausstellungsmacher, Aktivist und Mitbegründer von Berlin Postkolonial. Er engagiert sich in den Bündnissen „No Humboldt 21!", „Völkermord verjährt nicht!" und „Decolonize Berlin".

VIKTORIA KRASON (VK) ist Kuratorin, Kunst- und Literaturwissenschaftlerin. Seit April 2016 ist sie als Kuratorin am Deutschen Hygiene-Museum in Dresden tätig. 2017 schloss sie eine interdisziplinäre Dissertation über *Günter Grass und die bildende Kunst* ab (Publikation in Vorbereitung).

BARBARA LUBICH ist Videokünstlerin und Filmemacherin. Sie studierte Soziologie in Italien und Deutschland und promovierte in Geschichtswissenschaft. Ihre Arbeit umfasst Dokumentarfilme, Installationen und interdisziplinäre Kooperationsprojekte.

MNYAKA SURURU MBORO (MSM) aus Moshi in Tansania ist Bauingenieur, Stadtführer und Aktivist. Der Mitbegründer von Berlin Postkolonial lebt seit Jahrzehnten in Berlin und setzt sich vor allem für die Rückführung der in der Kolonialzeit verschleppten menschlichen Überreste und Kulturobjekte ein.

SANDRA MÜHLENBEREND (SMB) ist promovierte Kunstwissenschaftlerin mit Forschungsexpertisen zu Körperbildern des 19. und 20. Jahrhunderts sowie zu Sammlungsgeschichte und -management. Sie leitet das BMBF-Forschungsprojekt „Körper und Malerei“ an der HfBK Dresden.

LAWRENCE ODURO-SARPONG (LOS) ist freier interkultureller Diversity-, Antirassismus-, Empowerment- und Konflikttrainer, Mediator, Coach und Supervisor. Er begleitet machtsensible Organisationsentwicklungsprozesse. Zudem ist er erster Vorsitzender von AfricAvenir International e. V.

NADJA OFUATEY-ALAZARD (NOA) ist eine deutsche Produzentin, Autorin, Herausgeberin und Kulturmanagerin. Sie lebt in Berlin.

JULIA RADTKE (JR) ist Historikerin und wissenschaftliche Mitarbeiterin der Sammlung des Deutschen Hygiene-Museums in Dresden. Seit November 2016 leitet sie das von der VolkswagenStiftung geförderte Forschungsprojekt „Gläserne Figuren. Ausstellungsikonen des 20. Jahrhunderts“.

REBEKKA RINNER (RR) ist als Mitarbeiterin am Ausstellungsprojekt „Rassismus. Die Erfindung von Menschenrassen“ verantwortlich für die Medienproduktion. Sie studiert Kulturarbeit an der Fachhochschule Potsdam. Ihre Schwerpunkte sind Sammlungen kolonialer Provenienz. Sie ist im Vorstand des Alte Gießerei Berlin e.V. –, einem Verein für Kunst, Kultur und Wissenschaft, und hat verschiedene Ausstellungen kuratiert.

MOHAMMAD SARHANGI (MS) wurde in Teheran geboren. Nach einer Ausbildung an der Hanseatischen Akademie für Marketing und Medien studierte er Geschichte und Germanistik an der Universität Hamburg und promovierte am Selma Stern Zentrum für Jüdische Studien Berlin-Brandenburg sowie am Zentrum für Antisemitismusforschung. Er ist Projektassistent für das „Archiv der Flucht“ am Haus der Kulturen der Welt.

SARAH SIGMUND (SAS) ist Kunstwissenschaftlerin und freie Kuratorin. Sie studierte Kunstgeschichte und Geschichte in Dresden und am University College Cork. Seit Oktober 2015 ist sie Stipendiatin am Graduiertenkolleg „Materialität und Produktion“ an der Heinrich-Heine-Universität Düsseldorf.

VOLKER STRÄHLE (VS) ist wissenschaftlicher Mitarbeiter am Ausstellungsprojekt „Rassismus. Die Erfindung von Menschenrassen“. Der Politikwissenschaftler mit den Forschungsschwerpunkten deutscher Kolonialismus und Nationalsozialismus hat in den Gedenkstätten Sachsenhausen und Bautzen gearbeitet. Derzeit engagiert er sich für die Gedenkstätte KZ Sachsenburg.

CAN SUNGU (CS) nahm als Künstler an zahlreichen Ausstellungen teil, unter anderem: transmediale, MMSU Rijeka, Künstlerhaus Wien, DEPO Istanbul und REDCAT Los Angeles. Er leitete Workshops und Seminare im Bereich Film und veröffentlichte Texte über Film und Migration. Zudem ist er Mitbegründer und künstlerischer Leiter des Projektraums bi’bak in Berlin.

THEO THIESMEIER (TT) hat in Frankfurt am Main und New York Film studiert. Neben seiner Tätigkeit als Filmemacher und -kurator sowie Fotograf arbeitet er für verschiedene kulturwissenschaftliche Ausstellungen. Er lebt in Berlin.

SUSANNE WERNSING (SW) ist freie Kuratorin und Projektleiterin der Ausstellung „Rassismus. Die Erfindung von Menschenrassen“. Die Historikerin erarbeitete Dauer- und Sonderausstellungen sowie Publikationen zu den Themen Körperkulturen, Industrie- und Technikgeschichte, Geschichts- und Erinnerungsdiskurse, Theorie und Praxis des Ausstellens. Sie ist Absolventin von Museion[21] der Alfred Toepfer Stiftung.

FRANZISKA WIEST (FW) war Praktikantin beim Ausstellungsprojekt „Rassismus. Die Erfindung von Menschenrassen“. Sie studiert Soziologie an der Friedrich-Schiller-Universität Jena, ist Trainerin in der politischen Bildungsarbeit und Aktivistin. Ihre Schwerpunktthemen sind Migration, postkoloniale Studien, Rassismuskritik, Feminismus und Intersektionalität.

Urheberrechte

© Yvi & Mo; S. Salonen: 158, 160–161
© Chris Buck: 6
© Tasha Dougé: 47
© Equality and Human Rights Commission (EHRC): 19
© Timothy Fadek: 53
© Barbara Lubich: 169
© Nolde Stiftung Seebüll: 91
© ReMIX 2016: 120–122
© Succession Henri Jonquières: 134 u.
© Can Sungu, Berlin: 149
© VG Bild-Kunst, Bonn 2018
Für die Werke von Rudolf Belling: 95
Für die Werke von Otto Dix: 72 o., 92 o.
Für das Werk von Yinka Shonibare: 129
© John Heartfield / VG Bild-Kunst, Bonn 2018: 138

Bildnachweise

Akademie der Künste, Berlin, Kunstsammlung: 138;
akg-images: 37 u., 42, 91, 62 (Paul D. Stewart/SPL/);
Archiv Hagenbeck, Hamburg: 141 o.;
Archiv- und Museumsstiftung der VEM/Foto: Christoph Schwab: 111, 117 u.;
Archives du PCF / Archives départementales de la Seine-Saint-Denis, Bobigny: 137;
Archives nationales d'outre-mer, Aix-en-Provence: 139;
Badisches Landesmuseum Karlsruhe: 95 o.;
Berlinische Galerie/Foto: Kai-Annet Becker: 95 u.;
Big Bouche (producer), directed and performed by VV Brown: 33;
bpk/Museum Europäischer Kulturen, SMB: 49 re. (Foto: Sebastian Ahlers);
bpk/RMN – Grand Palais : 25, 37 o. (Foto: Beaux Arts de Paris), 35 (Foto: Gérard Blot); 135 o. (Foto: Patrick Gries/ Bruno Descoings): 135 u. (Foto: Musée du Quai Branly – Jacques Chirac), 35 (Foto: Gérard Blot);
bpk/Staatsbibliothek zu Berlin: 136, 52 (Foto: Julius Grimm);
bpk/Hamburger Kunsthalle: 72 o. (Foto: Elke Walford);
Bundesarchiv, Berlin: 28/29, 81 u. re. (Foto: Georg Pahl)
Cornell University/Collection of Persuasive Cartography: 113;
Deutsche Nationalbibliothek, Leipzig: 134 u. (Sign.: 1932 A 13810);
Deutsches Blinden-Museum Berlin: 55 u.;
Deutsches Historisches Museum, Berlin: 50 o. (Foto: Atelier Tanello, Berlin), 55 o. (Foto: Orgel-Köhne);
Deutsches Hygiene-Museum, Dresden: 71 u., 78, 82, 84 a., 84 u., 85 u.; 38 o., 59 u., 72 u., 73 re., 74 o., 76, 80, 85 o., 141 u. (Foto: David Brandt); 71 o. (Foto: Werner Lieberknecht);
Dresden Integrated Center for Applied Physics and Photonic Materials (IAPP) – Technische Universität Dresden: 64;
Ernst-Moritz-Arndt-Universität Greifswald / Institut für Ethik und Geschichte der Medizin: 79;
Fondation Sindika Dokolo: 129;
Friedrich-Schiller-Universität Jena: 30/31 (Anatomische Sammlung); 58, 59 o., 61 o. (Foto: Ernst-Haeckel-Archiv), 43, 44, 45 o. (Foto: Jan-Peter Kasper);
Georg-von-Vollmar-Akademie e.V., Kochel am See: 97 u.;
Hessisches Landesmuseum Darmstadt/Foto: Wolfgang Fuhrmannek: 93;
HfBK Dresden / Foto: Maria Katharina Franz: 73 li.;
Anette Hoffmann / Courtesy National Museum of Namibia: 51;
ID Hospital: 39;
Institut für Evolutionäre Medizin der Universität Zürich, Medizinische Sammlung: 45 u.;
Jüdisches Museum Berlin: 130 o., 130 u. (Foto: Jens Ziehe);
K-262 www.KarlGoetz.com / Foto: Henry Scott Goodman: 165 u.;
John A. Kantara: 162, 165 o.;
Karl-May-Museum, Radebeul: 140 li., 140 re. (Fotoatelier Meissner);
Büro Kéré Architecture: 154, 155, 156;
Foto: Anthony Lewis: 47;
Library of Congress/Geography and Map Division: 114;
London Stereoscopic Company/Hulton Archive/Getty Images: 144, 145;
Barbara Lubich: 166;
MARKK, Hamburg: 117 o.;
Martin-Luther-Universität Halle-Wittenberg/Foto: Markus Scholz: 99;
Metzler Verlag, Stuttgart: 60;
Montanhistorisches Dokumentationszentrum (montan.dok) beim Deutschen Bergbau-Museum Bochum (Inv.-Nr. 030000268001): 100 o.;
Theodor Müller: 165 Mi.;
Münchner Stadtmuseum, Sammlung Puppentheater/ Schaustellerei: 77, 142, 143;
Museo di Antropologia criminale „Cesare Lombroso", University of Turin (Italy): 41 u.;
Museum der Kulturen Basel, Foto: Derek Li Wan Po, 2015. All rights reserved: 109;
Museumsstiftung Post und Telekommunikation/Foto: Peter Boesang: 100/101;
Naturhistorisches Museum Wien, Anthropologische Abteilung/Foto: Wolfgang Reichmann: 46, 49 li., 98;
Ben Nott: 19;
Phyletisches Museum, Jena/Foto: Dr. Gunnar Brehm: 57;
Robert Koch-Institut, Fotolabor: 107;
Ruprecht-Karls-Universität Heidelberg/Institut für Anatomie und Zellbiologie/Foto:Philip Benjamin: 41 o.;
Sammlung und Archiv der Berliner Gesellschaft für Anthropologie, Ethnologie und Urgeschichte: 54, 65;
Sammlung Weltkulturen Museum, Frankfurt am Main: 50 u.;

SDTB / Foto: Clemens Kirchner: 29 u.;
Staatliche Kunstsammlungen Dresden/Foto: Alexandra Löser, Dresden: 83;
Staatsbibliothek, Berlin/Kartenabteilung: 115;
Städtische Galerie Dresden: 92;
Stiftung Historische Museen Hamburg/Foto: Karin Plessing: 131;
Andreas Süß: 108;
TU Bergakademie Freiberg/Geowissenschaftliche Sammlungen/Foto: Susanne Baldauf: 101 u.;
United States Holocaust Memorial Museum, courtesy of Technisches Museum Dresden/Foto: Arnold Kramer: 26/27;
Universitätsarchiv Leipzig: 75;
Wellcome Library, University College, London: 63;
Wien Museum: 61 u.

Leihgeber

Akademie der Künste, Berlin, Kunstsammlung
Anatomische Sammlung der Hochschule für Bildende Künste Dresden
Anatomische Sammlung, Friedrich-Schiller-Universität Jena
Archiv- und Museumsstiftung der VEM, Wuppertal
Badisches Landesmuseum, Karlsruhe
Bayerische Staatsbibliothek, München
Berlinische Galerie – Landesmuseum für Moderne Kunst, Fotografie und Architektur
Bibliothek des Bundesarchivs, Berlin
Bundesarchiv, Berlin
Collection J. + C. Mairet, Paris
Deutsches Blinden-Museum Berlin
Deutsches Historisches Museum, Berlin
Deutsches Hygiene-Museum Dresden
Deutsches Institut für tropische und subtropische Landwirtschaft, Witzenhausen
Deutsche Nationalbibliothek Leipzig
Ethnologische Sammlung der Georg-August-Universität Göttingen
Filip Kolek, Berlin
Friedrich-Schiller-Universität Jena / Ernst-Haeckel-Haus
Fundação Sindika Dokolo, Luanda
Georg-von-Vollmar-Akademie, Kochel Schloss Aspenstein
GRASSI Museum für Völkerkunde zu Leipzig, Staatliche Kunstsammlungen Dresden
Grünes Gewölbe, Staatliche Kunstsammlungen Dresden
Herbarium (GOET), Georg-August-Universität Göttingen
Hermann Krone-Sammlung, Institut für Angewandte Photophysik, Technische Universität Dresden
Hessisches Landesmuseum Darmstadt
Institut für Spezielle Zoologie und Evolutionsbiologie mit Phyletischem Museum an der Friedrich-Schiller-Universität Jena
Jüdisches Museum Berlin
Karl-May-Museum Radebeul
Martin-Luther-Universität Halle-Wittenberg, Zentralmagazin Naturwissenschaftlicher Sammlungen
Medizinhistorische Sammlung des Instituts für Ethik und Geschichte der Medizin der Universität Greifswald
Montanhistorisches Dokumentationszentrum beim Deutschen Bergbau-Museum Bochum
Musée du Quai Branly – Jacques Chirac, Paris
Museen der Stadt Dresden, Technische Sammlungen
Museen der Stadt Dresden, Stadtmuseum
Museo die Antropologia criminale „Cesare Lombroso", Università di Torino
Museum Afrikahaus Sebnitz, Städtische Sammlungen Sebnitz
Museum der Arbeit – Stiftung Historische Museen Hamburg
Museum der Kulturen Basel
Museum Europäischer Kulturen, Staatliche Museen zu Berlin – Stiftung Preußischer Kulturbesitz, Berlin
Museum Folkwang, Essen
Museum für Kommunikation Berlin
Museum für Sächsische Volkskunst mit Puppentheatersammlung, Staatliche Kunstsammlungen Dresden
Museum für Völkerkunde Hamburg
Museum für Völkerkunde, Staatliche Kunstsammlungen Dresden
Museum – Naturalienkabinett Waldenburg
Naturhistorisches Museum Wien
Paris, Beaux-Arts de Paris
Polizeidirektion Dresden, Polizeihistorische Sammlung
Polizeihistorische Sammlung, Berlin
Robert Koch-Institut, Berlin
Sammlung und Archiv der Berliner Gesellschaft für Anthropologie, Ethnologie und Urgeschichte
Skulpturensammlung, Staatliche Kunstsammlungen Dresden
Staatliche Museen zu Berlin, Gipsformerei
Städtische Galerie Dresden – Kunstsammlung, Museen der Stadt Dresden
Städtische Museen Freiburg, Museum Natur und Mensch
Stiftung Deutsches Technikmuseum Berlin
Surnatéum: Muséum d'Histoire Surnaturelle, Brüssel
Tasha Dougé, New York
Technische Universität Bergakademie Freiberg
Tierpark Hagenbeck Hamburg
Übersee-Museum Bremen
Universitätsarchiv, Friedrich-Schiller-Universität Jena
Universitätsarchiv, Universität Leipzig
Universität Heidelberg, Institut für Anatomie und Zellbiologie
Universität Zürich, Institut für Evolutionäre Medizin, Medizinische Sammlung
Weltkulturen Museum, Frankfurt am Main
Wien Museum
Zoo Dresden GmbH

Impressum

Diese Publikation erscheint anlässlich der Ausstellung des Deutschen Hygiene-Museums

RASSISMUS

DIE ERFINDUNG VON MENSCHENRASSEN
19. Mai 2018 bis 6. Januar 2019

DEUTSCHES HYGIENE-MUSEUM DRESDEN

Direktor: Klaus Vogel
Stellvertretende Direktorin: Gisela Staupe
Kaufmännischer Direktor: Lars Bahners

AUSSTELLUNG

Kuratorin und Projektleiterin: Susanne Wernsing
Wissenschaftliche Beratung: Christian Geulen, Universität Koblenz-Landau
Projektteam: Tiphaine Cattiau, Rebekka Rinner, Volker Strähle
Filmkurator*innen Abteilung 4: Mo Asumang, John A. Kantara, Barbara Lubich
Praktikum, Hospitanz: Aibe-Marlene Gerdes, Mirjam Gräbner, Johanna Munzel, Franziska Wiest
Wissenschaftlicher Beirat: Nikita Dhawan, Özkan Ezli, Naika Foroutan, Cilly Kugelmann, Veronika Lipphardt, Nanette Jacomijn Snoep, Hans Vorländer
Interventionen: Luna Ali, Josephine Apraku, Bo – eine *weiße* Aktivistin aus Dresden, Natasha A. Kelly, M.S. Mboro, Mitarbeiter von Hatikva e.V., Lawrence Oduro-Sarpong, Schlomo, Roma Antidiscrimination Network RAN/Roma-Center Goettingen e.V.
Ausstellungsgestaltung: Kéré Architecture, Berlin
Produktionsleitung: Wolfgang Matzat
Ausstellungsgrafik, Plakat & Flyer: pingundpong, Dresden
Objekteinrichtung: Fißler & Kollegen GmbH, Leipzig
Künstlerische Interventionen: Karoline Schneider
Künstlerische Filmcollage: Can Sungu
Interviews: Mohammad Sarhangi, Volker Strähle, Theo Thiesmeier, Studierende der DEKRA Hochschule für Medien, Susanne Wernsing
Video- und Audiobearbeitung: Theo Thiesmeier
Licht- und Medientechnik: Kay Jansen, Matthias Wächter
Lichttechnik: Paul Göschel, Dresden
Videobearbeitung: Michael Sommermeyer
Programmierung: EIDOTECH GmbH
Audioaufnahmen: Tom Mikula
Grafikproduktion: Veit Pätzug, Gabriele Radde
Elektro- und Haustechnik: Steffen Scholz (Leitung), Jens Gründel, Wolfgang Henschel
Malerarbeiten: Fa. Berthold / Dresden
Ausstellungsbau: Zumholz Möbel KG / Berlin, Werkstätten des Deutschen Hygiene-Museums unter der Leitung von Michal Tomaszewski
Theatermalerei: Mario Kwast / Berlin
Montageleistungen: Kremer Holzbau
Lektorat: Almut Otto
Redaktionsassistenz: Evke Rulffes
Übersetzungen: Stephen B. Grynwasser, Heidelind Salzmann, Birgitt Wagner
Kooperationen: Anja Sommer
Sammlung: Susanne Roeßiger (Leitung), Marita Gottsmann, Julia Radtke, Sylke Schäfer, Marion Schneider, Marion Thalheim
Wissenschaftliche Veranstaltungen und Lesungen: Susanne Illmer (Leitung), Jeanne Bindernagel,

Kristin Heinig, Johannes Schütz, Odile Vassas
Bildung und Vermittlung: Carola Rupprecht (Leitung), Gabriele Manke, Susanne Weckwerth
Presse- und Öffentlichkeitsarbeit: Christoph Wingender (Leitung), Ramona Buhler, Odile Vassas, Marian Zabel
Web- und Printmedien: Dimitrios Ambatielos, Elisabeth Robock
Projektcontrolling: Heike Schwarz
Leihverkehr: Colleen M. Schmitz (Leitung), Franziska Kuschel, Silke Naumann, Nicole Wonneberger
Konservatorische Betreuung: Sybille Kreft, Juliana Polte, Jürgen Knoop, Beate Rieß
Transport: Hasenkamp Internationale Transporte, Dresden, Art SPED Schütz GmbH, Dresden, Maik Wagner
Versicherung: Kuhn & Bülow Versicherungsmakler GmbH

KATALOG

Herausgeber: Susanne Wernsing, Christian Geulen und Klaus Vogel für das Deutsche Hygiene Museum
Konzept: Susanne Wernsing, e o t . essays on typography
Redaktion: Luna Ali, Josephine Apraku, Bo, Manuela Bauche, Tiphaine Cattiau, Mitarbeiter von Hatikva e.V., Christian Geulen, Nicolas Grange, Natasha A. Kelly, Viktoria Krason, M.S. Mboro, Sandra Mühlenberend, Lawrence Oduro-Sarpong, Nadja Ofuatey-Alazard, Julia Radtke, Rebekka Rinner, Susanne Roeßiger, Mohammad Sarhangi, Schlomo, Can Sungu, Sarah Sigmund, Volker Strähle, Theo Thiesmeier, Susanne Wernsing, Franziska Wiest
Gestaltung: e o t . essays on typography mit Karolina Leczkowski
Bildrecherche / Rechteklärung: Monika Bergmann – picture worx
Assistenz: Tiphaine Cattiau
Lektorat: Almut Otto
Redaktionsassistenz: Evke Rulffes
Lithographien: SchwabScantechnik
Druck und Verarbeitung: Pustet, Regensburg

© 2018 Stiftung Deutsches Hygiene-Museum
© Wallstein Verlag, Göttingen 2018

Erschienen im Wallstein Verlag
Geiststraße 11
37073 Göttingen
www.wallstein-verlag.de

Bibliografische Information der Deutschen Nationalbibliothek
Die Deutsche Nationalbibliothek verzeichnet diese Publikation in der Deutschen Nationalbibliografie; detaillierte bibliografische Daten sind im Internet über http://dnb.d-nb.de abrufbar.

Alle Rechte, auch die der fotomechanischen Wiedergabe, vorbehalten. Dies betrifft auch die Vervielfältigung und Übertragung einzelner Textabschnitte, Zeichnungen oder Bilder durch alle Verfahren wie Speicherung und Übertragung auf Papier, Transparente, Filme, Bänder, Platten und anderen Medien, soweit es nicht §§ 53 und 54 UrhG ausdrücklich gestatten.

ISBN: 978-3-8353-3226-3

Gefördert durch den Freistaat Sachsen im Rahmen des Landesprogramms Integrative Maßnahmen.

Freistaat
SACHSEN

Die Maßnahme wird mitfinanziert mit Steuermitteln auf Grundlage des von den Abgeordneten des Sächsischen Landtags beschlossenen Haushalts.

Gefördert durch das „Lokale Handlungsprogramm für ein vielfältiges und weltoffenes Dresden"

Dresden.
LHP
gefördert durch die
Landeshauptstadt
Dresden

Begleitprogramm in Kooperation mit

bpb:
Bundeszentrale für politische Bildung

DANK

Das Projektteam dankt für die Unterstützung:
Jasmin Alley, Thomas Bach, Thomas Bachler, Margit Berner, Philippe Comar, Tahir Della, Ralf Dose, Iris Edenheiser, Isabel Enzenbach, Larissa Förster, Renate Fröber, Winfried Gensch, Margit Hartleb, Anette Hoffmann, Susan Kamel, Matthias Krüger, Thomas Krüger, Nicola Lepp, Astrid Ley, Karsten Linne, Gilbert Lupfer, Christian Obermüller, Pagonis Pagonakis, Bettina Renner, Hartmut Rietschel, Claudia Schnitzer, Anna Schultz, Katharina Schramm, Swen Steinberg, Holger Stoecker, Rixxa Wendland, Ansgar Wimmer, Ralf Wöhling, Monika Zessnik, Jürgen Zimmerer, Christoph Zuschlag